Hans von Wolzogen

Die Idealisierung des Theaters

Geschichte einer Kunstentwicklung

Hans von Wolzogen

Die Idealisierung des Theaters
Geschichte einer Kunstentwicklung

ISBN/EAN: 9783743447592

Hergestellt in Europa, USA, Kanada, Australien, Japan

Cover: Foto ©Thomas Meinert / pixelio.de

Weitere Bücher finden Sie auf **www.hansebooks.com**

Die Idealisirung des Theaters.

Geschichte einer Kunstentwickelung aus Moden zum Styl.

Von

Hans von Wolzogen.

———

Inhalt.

Der Reinertrag ist für die R. Wagner-Stiftung bestimmt.

———

München. 1886.

Im Verlage des Allgemeinen R. Wagner-Vereins.

Im Buchhandel zu beziehen durch C. F. Leede, Leipzig.

Druck von Th. Burger, Bayreuth.

Die Idealisirung des Theaters.

Geschichte einer Kunstentwickelung aus Moden zum Styl.

Von

Hans von Wolzogen.

Inhalt.

Der Reinertrag ist für die R. Wagner-Stiftung bestimmt.

München. 1886.

Im Verlage des Allgemeinen R. Wagner-Vereins.

Dieses Buch ist entstanden aus der Ausarbeitung einzelner Vorträge, welche der Verfasser während des Winters 1883 – 1884 in den Zweigvereinen des Allg. R. Wagner-Vereins zu München, Wien, Graz, Karlsruhe, Strassburg und Mannheim gehalten hat, und ist zuerst im Drucke erschienen vom Mai- bis Dezember-Stücke des VII. Jahrganges 1884 und vom Mai- bis Oktober-Stücke des VIII. Jahrganges 1885 der „Bayreuther Blätter".

Ein Meister-Vorwort.

„Kein Theater kann seine Aufgabe durch eine gedeihliche Wirksamkeit lösen, wenn seine Leistungen nicht zuvörderst originale sind. Ganz nach den zu Gebote stehenden Mitteln der theatralischen Darstellung müssen die künstlerischen Zwecke beschaffen sein, die durch sie verwirklicht werden sollen. Genau seine Mittel prüfen, ihre Fähigkeit bei höchster Anspannung der Kräfte ermessen, und seinen Zweck vollständig nach der Möglichkeit der Erreichung durch diese Mittel stimmen, ist die Aufgabe des schaffenden Künstlers, sobald es ihm vor Allem daran gelegen ist, seine Absicht zum Verständniss zu bringen. Diese Absicht in sich aufnehmen und nach angestrengtestem Vermögen sie verwirklichen, ist dann die entsprechende Aufgabe der Darsteller, die nur in dem Grade Künstler werden, als sie jene Absicht begreifen und an ihrer Verwirklichung theilnehmen. Wo eine so verwirklichte künstlerische Absicht dem Publikum vorgeführt wird, handelt es sich nicht mehr um eine Kritik der Mittel; das Publikum hat nicht mehr in Bezug auf sie zu wünschen und zu sorgen, keine Vergleichungen mit anderen mehr anzustellen: sondern Mittel und Zweck sind Eines geworden; d. h. sie sind in dem Kunstwerke aufgegangen, das nun als eine dem Gefühle verständliche Absicht sich einzig noch an dieses Gefühl des Publikums wendet, um von ihm genossen zu werden."

„Die gesunde Grundlage der dramatischen Kunst ist bei der heutigen Beschaffenheit des Theaters noch einzig das Schaupiel: erst wenn alle Darsteller ein gutes Schauspiel wirksam aufführen können, erhalten sie die Fähigkeit, auch das musikalische Drama dem Sinne der dramatischen Kunst überhaupt angemessen richtig darzustellen." „Wie die von ihnen dargestellten Werke mit der Zeit immer mehr nur aus Originalprodukten bestehen würden, so würde auch ihr Personal grundsätzlich sich allmählich zu einem uns ganz angehörigen, eigenthümlichen zu gestalten haben. Ich meine hiermit das allmähliche Erlöschen des Schauspielerstandes als einer besonderen, von unserem bürgerlichen Leben geschiedenen Kaste, und sein Aufgehen in eine künstlerische Genossenschaft, an der nach Fähigkeit und Neigung mehr oder weniger die ganze bürgerliche Gesellschaft Theil nimmt." „Die Kunst ist nur dann das höchste Moment des menschlichen Lebens, wenn sie kein von diesem Leben abgetrenntes, sondern in ihm selbst nach der Manigfaltigkeit ihrer Kundgebung vollständig inbegriffenes ist. Wir sind dieser gesellschaftlichen Vermenschlichung der Kunst oder dieser künstlerischen Ausbildung der Gesellschaft näher, als wir vielleicht glauben, wenn wir nur unseren

vollen Willen darauf verwenden." „Bereits ist diese Richtung in einer
Neigung des öffentlichen Lebens vorhanden; bei heiteren wie ernsteren
Anlässen zu einer öffentlichen Feier greift man ganz von selbst, und
zwar fast in erster Linie, zur Anordnung von Festzügen in charak-
teristischen Trachten. Noch entschiedener tritt die Richtung auf das
Dramatische in der öffentlichen Volksbildung da hervor, wo in ländlichen
Gemeinden von der Jugend sowohl, wie vom gereifteren Alter, gerades-
weges Schauspiele aufgeführt werden." „Bei so vielen Kundgebungen
einer natürlichen Neigung zur Kunst, und namentlich zur dramatischen
Kunst, sollte es nun Niemand, der mit der bewussten Förderung gemein-
samer Angelegenheiten beauftragt ist, entgehen, wie nothwendig die
Entwickelung der vorhandenen Keime sei, dass sie nach der ihnen inne-
liegenden Richtung zu dem gemeinsamen Ziele hingelenkt würden.
Dieses Ziel ist kein anderes, als die volle Ausübung der dramatischen
Kunst nach der durch die heutige Kunsterfahrung ihr ermöglichten
Fülle." „Am Ziele der hier eingeschlagenen Richtung würde das Theater
aufgehört haben, eine industrielle Anstalt zu sein; vielleicht würde das
Theater dann den höchsten und gemeinsamsten gesellschaftlichen Be-
rührungspunkt eines öffentlichen Kunstverkehrs ausmachen, aus dem
alles Industrielle vollkommen entfernt, und in welchem die Geltend-
machung unserer ausgebildetsten Fähigkeit für künstlerische Leistung,
wie für künstlerischen Genuss, einzig bezweckt wäre."

„Nur daran, dass der Wille zur Verwirklichung dieses Möglichen
von unserer Oeffentlichkeit nicht gefasst werden könnte, kann es sich
deutlich herausstellen, ob mit der Unmöglichkeit dieses Willens auch
die von mir gedachte Wirksamkeit der Kunst auf der Grundlage unserer
modernen Zivilisation erwiesenermaassen ebenfalls eine Unmöglichkeit sei.
Bei diesem Erfolge müsste sich dann unsere Zivilisation dem Zwecke
einer höheren Vermenschlichung gegenüber selbst das Urtheil ihrer
Unfähigkeit gesprochen haben." „Wäre es mir möglich, dem Publikum
die volle künstlerische That in ihrer überzeugenden Unmittelbarkeit
vorzuführen, so würde ich allerdings ausser allem Zweifel des Sieges
meiner Ansicht sein; denn der Charakter eines jeden Publikums ist es,
nur gegen das Phantasiebild misstrauisch zu sein; der wirklichen Erscheinung gegenüber bestimmt es sich aber mit entscheidender Sicherheit. Die von mir gemeinte künstlerische Erscheinung ist aber nur
durch die Kraft eines gemeinsamen Willens zu vermitteln; und diesen
Willen in einzelnen wohlwollenden Männern und denkenden Köpfen
angeregt zu haben, kann für jetzt, meinem Bewusstsein nach, mein
einziger Erfolg sein."

Richard Wagner, ein Theater in Zürich (1851).

Ges. Schriften u. Dicht. Bd. V. S. 49, 51, 57, 58, 59, 63

Einleitung.

Wenn wir eines gestorbenen Helden recht gedenken, so wird diess immer eine Geburtsfest-Feier sein. Denn wir werden uns Dessen zu erinnern haben, was von ihm über seinen Tod hinaus lebt. Mag es nur noch in uns fortleben, als Erinnerung, als idealer Besitz unseres Gemüthes, — oder mag es dem Helden gelungen sein, der ihm eigenthümlichen Kraft einen monumentalen Ausdruck zu geben in einem ausser ihn und uns hingestellten Werke: in beiden Hinterlassenschaften bleibt uns das Lebendige des gestorbenen Helden zurück, und diesem Lebendigen muss unsere Gedächtnissfeier gelten. Diese Feier wird sich auch nicht auf das Wort und den Tag beschränken. Hat ein solcher Grosser unserem Gemüthe einen Theil seiner eigenen Kraft als tief bewegende Erinnerung wirklich vererbt, so wird uns diese innere Kraft von selbst auch „zu neuen Thaten" in seinem Sinne drängen. Diese Thaten werden aber dann um so sicherer ihren Weg durch die heldenberaubte Welt finden, wenn der Held auch ein Werk hinterlassen hat, für dessen Erhaltung in seinem Sinne es noch etwas Grosses und Tüchtiges zu thun giebt; und um so wichtiger wird die Erhaltung dieses Werkes nach des Helden Tode sein, weil es selber ihn uns allein ersetzen kann, und weil, wenn es auch verdorben und entstellt würde, oder gar zu Grunde ginge, der Held uns dann erst wirklich gestorben wäre.

Einem heldenhaftesten Künstler und seinem grossen Werke gilt nun heute unsere gemeinsame Betrachtung. Es gilt zu erkennen, wie sein Werk geartet war, und in welche Welt er damit hineintrat, und wie es sich aus dieser Welt hervorgerungen hat, um in einer erhabenen Freiheit selbst zu bekennen: so bin ich und nicht anders. Und damit sind wir schon auf unser sicherstes „Leitmotiv" getroffen: immer, wenn man der wahren Heroengestalten aus der Geschichte denkt, taucht auch der rechte deutsche Heldenspruch dazu in unserem Gedächtnisse auf, jenes berühmte Wort Luther's, das für alle Helden und Meister gilt, die der Welt eine Wahrheit brachten:

„Hier stehe ich — ich kann nicht anders."

Von irgend einem hochgestellten geistlichen Herrn unserer Tage sagte dagegen der böse Volksmund: wenn ihm einmal ein Denkmal gesetzt werden sollte, dann müsste darauf geschrieben werden: *„Hier stehe ich — ich kann auch anders."* — Das sind bedeutsame Wahrsprüche; man kann den ersteren kurz als den Heldenspruch, den anderen als den Weltspruch bezeichnen.

Die Welt bekommt allemal einen gewaltigen Schreck, wenn solch ein Held lebendig vor sie hintritt, und ganz ohne Rücksicht auf die Gesetze ihrer „Gesellschaft" sagt: „Ich kann nicht anders." Auch die Gesellschaft meint ja: „Du Einzelner sollst gar nicht anders können wollen, als — wie wir wollen können!" Aber der Grund dieser Abneigung der Gesellchaft gegen das Anderssein ist durchaus nicht heldenmässig. Kann ja doch die Gesellschaft selber nichts wollen, als was ihr die *Mode*, in immer wechselnden Gewohnheiten, herrisch vorschreibt. Diese Mode! Niemand weiss, von wannen sie kommt, und wohinnen sie fährt; solange sie aber im Lande wohnt, herrscht sie als unausweichliche Gewohnheit. Das ist der in den Zweig des Augenblicks sich einkrallende Zugvogel „Ich kann auch anders." Und über Nacht sieht man's ja, wie er auch wieder anders kann, — bis etwa solch ein Held kommt, mit der fürchterlichen Beschränktheit seiner Allmacht nur Eines zu können, und ihn durch seiner Stimme Klang herunter scheucht. Aber der Held wendet den Rücken, und der Vogel sitzt wieder auf dem Zweige, und kann doch noch anders!

Nun ist es merkwürdig: gerade aus dem fortwährenden Wechsel dieser flüchtigen Moden sammelt sich eine gewisse zähe Kraft der Gewohnheit überhaupt in der Gesellschaft an. Diese wunderliche Kraft bildet einen ganz eisenfesten Zusammenhalt für einen gewaltigen Staubhaufen, welcher nach und nach entsteht aus den unvermeidlichen Ueberbleibseln aller vorüberfliegenden Moden. Staubige Ueberbleibsel, die aber auf dem breiten Boden der gesellschaftlichen Welt sich endlich bergehoch anhäufen können.

Nehmen wir ein Beispiel. — Wer hätte nicht schon einmal einen lächelnden Blick auf irgend ein ganz neues, verwunschenes Wortgebilde geworfen, das urplötzlich, Gott weiss woher, sich im Munde der Leute festnistet, und nun bei jeder Gelegenheit auch in all unseren Tagesblättern und Bücherwäldern krähend herumfliegt? Mit einem Male trifft man allerorten auf die verschiedenartigsten Dinge und Verhältnisse, welche sämmtlich das Gottesgeschenk der Sprache empfangen haben und — *selbstredend* geworden sind! Oder, hatte man sonst seinen Sprechorganen ohne Bedenken die Schwierigkeit zugemuthet, „dargebotene Leistungen talentvoller Künstler" zu produziren, so fällt es plötzlich aller Welt viel leichter „*gebotene* Leistungen *talentirter* Künstler" vom glatten Zungenstapel laufen zu lassen. Ob nun diese „gebotenen" Leistungen „befohlene" waren, — ob die „talentirten" Künstler in ihrer weiteren Entwickelung es bis zu „genierten" bringen werden, — das bleibt dahingestellt. Tausende solcher Mode-Worte und -Wendungen flogen wirklich nur wie Eintagsfliegen durch die Welt; weg waren sie! Aber von jedem Tausend blieb doch wohl leichtlich ein Hundert haften; und daraus bildete sich nun der grosse Staubhaufen einer modernen Gewohnheitssprache! Nach den so leicht zuflatternden Worten griff aber Niemand rascher als der Journalist, der ja auf Eile und Coulanz im Wortgebrauch vor Allen angewiesen ist. Also: der ganze Staub sprachlicher Modethorheiten von Jahrzehnten wird in dem Novitätensacke der Zeitungslitteratur aufgesammelt, und nun alltäglich der Gesellschaft als der flotte und fesche Ausdruck zeitgemäss bereicherter Bildung in den Schooss geschüttet. Nur zu bald verlieren sich die lächelnden Blicke, welche der einzelnen kuriosen Neugeburt gegolten hatten. Mit dem grimmigen Ernste des strammen Bildungsbewusstseins redet jetzt Jedermann, von dem Prediger auf der Kanzel bis zum Sackträger an der Ecke, in demselben Staubjargon der neudeutschen Gesellschaftssprache. König Alfons von Spanien wird vom Pariser Pöbel spektakulös beleidigt, und ein sog. „erstes“ deutsches Blatt schreibt dazu: „Es — darf — nur — wundern, — dass — die Botschaft — nicht — vorstellig wird.“ Alle Welt liest diess, und sie wundert sich weder darüber, noch erhebt sie irgend welche Vorstellungen dagegen, dass diess Deutsch sein solle. Wer aber nun gar mit Entschiedenheit anders spricht, um einmal wieder recht Deutsch zu reden, der wird ausgelacht, und heisst bald ein Unverschämter, dem eigentlich der Mund zu verbieten wäre.

Was hier auf dem Gebiete der Sprache geschieht, das findet auch auf den anderen Gebieten unserer Kultur statt; nur dass das Beispiel der Sprache besonders charakteristisch, und — um neudeutsch zu reden — „*zielführlich*“ sein dürfte. Denn, wie Protagoras den Menschen das Maass aller Dinge genannt hat, so kann man mit Fug die Sprache das Maass alles Menschlichen nennen. Kurzum, dieselben Elemente der Kultur, welche im rasch wechselnden Nacheinander das frivole „Ich kann auch anders“ so recht eigentlich repräsentiren, denen dieses leichte Wesen im Blute steckt und zum Lebensprinzip geworden ist, dieselben Elemente treten in ihrem dicht zusammengehäuften Durcheinander auf: als unerbittlich schroffe Macht eines gebieterischen „So und nicht anders.“

Aus tausend wurzellosen Willkürlichkeiten oder schon entwurzelten Gewohnheitsresten thürmt sich die chinesische Mauer, hinter welcher die Welt, d. h. die „Gesellschaft“, sich verschanzt, — ausserhalb welcher sie gar keine Möglichkeit gelten lässt, vernünftig, anständig, zeitgemäss und sicher zu existiren. — Dagegen nun der rechte Held! Seht, wie er vor dieser Mauer erhaben sich aufrichtet! Hört, wie er ruft mit metallener Stimme, dass ihre Stäubchen durcheinander zittern: „*Hier steh' ich — hier mein Schwert!*“ — Zieht er doch gar aus seiner kecken Aussenstellung den Vortheil über Dinge zu reden, die man hinter der Mauer gar nicht sehen kann! „Was anders ist, das lerne nun auch!“ So ruft er, wie Wotan, der Gesellschaft zu. Das mag sie nicht gerne hören. Dieser Held — eben deshalb so gross, weil er nur Eines kann: nämlich das Andere — der gerade soll nun durchaus „auch anders können“, um „anerkannt“ zu werden. Da aber schwingt er sein Schwert wider den Staubhaufen der Modemauer. Wohl, hinter dem Schlage mag der Staub wieder leicht in sich zusammen fallen: das ist seine Art so; und die Mauer bleibt stehen. Der Held aber

1*

auch; und sein Arm hat das Schwert doch geschwungen, der Schwertschlag hat in der Sonne geblitzt, und wer über die Mauer geschaut hat, der hat das gesehen, und glaubt daran.

Dieser Glaube an die Kraft des Grossen, das ist nun ein neues Mauer- und Bollwerk, nicht aus dem Staube der Strassen aufgeschüttet, sondern gewoben aus jenem wunderbaren Sonnenstaube, wie er im Lichtblitz des Heldenschwertes durch das Mauerdunkel der Gewohnheiten zieht. Einer Gesellschaft gegenüber, deren karnevalistisches „Auch-anders-können" die catonische Maske des „So und nicht anders" trägt, bildet sich nun eine abgesonderte Gemeinde; und deren Glaube an das echte, urwüchsige „So und nicht anders" des Helden ereifert sich für ein ideales Werk, welches der Welt beweisen soll, dass man gerade „auch anders kann", anders nämlich, als wie Mode und Moder der Zeiten wollen, — wenn man nur will, wie die Helden wollen. Man sucht also den Schwertblitz in der Luft zu fixiren: wie ein Sternbild am Nachthimmel des Daseins. Man sucht den Willen des Helden zu monumentalisiren, dass die Gesellschaft selbst es endlich glauben lerne: auch Das ist eine Welt. Sie ist, weil sie gewollt ward; und sie ward gewollt, weil ein Held erstanden war, der „nicht anders konnte." Hat aber gar ein solcher Held bei seines Lebens Zeiten selbst noch seine That zu monumentalisiren vermocht, bleibt sein Wille, diese bewegende Kraft seines ganzen heroischen Wirkens, verkörpert auf Erden fortbestehen in einem überlebenden, sichtbaren Denkmal seiner selbst, — was Anderes hätten dann alle Diejenigen zu thun, welche an diesen Helden und seine That glauben gelernt haben, als eben diess eigengeschaffene Monument seines Lebens treu in Stand zu erhalten, so wie er es hinterlassen hat? Was Anderes wäre wohl eine willkürliche Abänderung dieses Bestandes, als wie eine feige bis nach dem irdischen Tode aufgesparte Verletzung der unsterblichen Persönlichkeit des Helden? Weit mehr wäre diess, als wie eine Grabschändung, weil ja dieses Denkmal noch lebendig ist. Nur die Luft verlangt es um fortzuleben, — dieselbe Luft des Glaubens, welche die Lebensluft aller Heldenthaten ist.

Wir haben in unseren Tagen den Riesenschwertschlag eines solchen Helden mit erlebt: einen Schwertschlag, so weit ausgeholt und so mächtig geführt, dass er ein ganzes Menschenleben von 70 Jahren hindurch die Sphäre unserer Zeit durchfuhr, in Einem ungebrochen geraden Schwunge die Luftbahn des kühnsten Glaubens ganz durchmessend. Denen hinter der Mauer ward wohl von der Lufterschütterung der eigene Athem, der zitternde Staubglaube, fast benommen. Weil sie aber den Schwertschlag, den sie nicht selber sahen, nur aus den Brechungen und Spiegelungen der Luft im Vorüberzucken zu ahnen vermochten, so meinten sie wohl oft, er fahre ganz nach Willkür in einem wilden Zickzack hin und her, während er in Wahrheit niemals einen Zoll breit von seiner geraden Bahn zum Ziele abwich. — Und nun das Ziel dieses Schwertschlags! Wie seltsam! Das war endlich gar nicht jener berühmte Staubhaufen der chinesischen Modemauer. Die liess er stolz links liegen, der kühne und weise Held! Und siehe da, jetzt eben stob von dem blossen Luftzuge des Schwunges weit mehr des losen Staubes am Haufen seitab. Er konnte nicht mehr wie sonst rings um den Schlag her unverändert in sich zusammen fallen. Das Schwert selbst aber fuhr abseits des Haufens in den freien Boden; und aus dem freien Boden entstand unter seinem treffenden Weiheschlage das selbstgeschaffene Ziel des ganzen Riesenschwunges: ein neues hohes Heldenmonument — der verkörperte Glaube an das Gute, Edle, Wahre und Schöne in dem heldenzeugenden Wesen unseres Volksgemüthes.

Diess ist das „Werk" unseres Helden und Meisters, Richard Wagner. In wechselnden Thaten und Leiden durchzieht es sein ganzes Leben und fasst alle seine einzelnen Werke und Strebungen in Ein Ziel siegreich zusammen. Will man ein kurzes Wort dafür finden, so wird man es nennen müssen:

Die Idealisirung des Theaters.

Das ist der Gedanke seines Werkes. Das Werk seines Gedankens aber, das er uns nicht nur als klassisches Ideal gezeigt, sondern als wirkliches Beispiel vererbt hat, es steht vor uns als das Theater von Bayreuth.

Dem Staubmauerwerke der Moden gegenüber — eine feste Burg für idealen Styl! —

Damit wären wir vom Bilde zum Bau gelangt. Immer ein entschiedener Fortschritt! Allein — es ist ein Theaterbau. Sollte man dergleichen ernst nehmen in unseren gewichtigen Zeiten? Die Sprache — alle Welt spricht sie; die Komödie — alle Welt spielt sie. Da hätten wir wohl recht banale Exempel uns ausgesucht, um Moden und Styl zu illustriren? —

Ja, dieses Zugeständniss müssen wir schon verlangen, dass nächst der Sprache nicht leicht etwas so charakteristisch für den Kulturzustand eines Volkes sei, als das Theater, das es besitzt. Es ist wahrlich ein „Spiegel der Zeit"; und um so sicherer fixirt dieser Spiegel ihr Bild, als er für gewöhnlich nur wie ein Zeitvertreib betrachtet wird, der eben nicht gar ernst zu nehmen sei. So plaudert sich manches theatralisch aus, was auf der Bühne der Oeffentlichkeit wohl unter Mantel und Maske gehalten wird. Die altgriechischen Dionysosfeste enthüllten in ihren berauschenden Erntereigen Geheimnisse der Mysterien, welche zu verrathen der Eingeweihte mit seinem Leben büssen sollte. Aischylos der Tragöde war nahe daran, diesem Schicksale zu verfallen. Auch die griechische Komödie hielt gar unverschämte Ernte auf dem Felde der politischen Welt, bis ihr dieselbe Staatsregierung das Lesrecht absprach, welche dem Sokrates den Gifttrunk verschrieb. Wir aber stehen heute vor dem dionysischen Mysterium unserer Zeit, diesem Bayreuther Festspielhause, und sehen dazu ringsum im Lande andere Theater ohne Zahl, wie sie auf ihre Weise die Kunst des Schau- und Hörspiels allabendlich betreiben. Könnten wir nicht auch aus diesem barocken Doppelbilde eine charakteristische Anschauung von unserer Zeit gewinnen?

Doch nein, man ruft uns entgegen: das Bayreuther Theater gilt nicht; das ist nicht organisch! Es ist nicht „aus dem Leben der Nation hervorgewachsen!" Nur das organisch Gewachsene ist charakteristisch!

Also unsere gewöhnlichen Theater, so verschiedenartig, wie sie da sind, vom grossen goldstrotzenden Opernhause bis herab zur wandernden Jahrmarktsbude, die wären wohl allesammt und gleicherweise organisch gewachsene Bildungen des nationalen Geistes? Könnte es nicht am Ende auch recht charakteristisch für diesen Geist sein, wenn es sich zeigte, dass bedeutende seiner Bildungen, oder Bildungsmittel, gerade nicht organisch gewachsen sind? Ist etwas deshalb organisch gewachsen, weil es im Laufe der Zeiten aus einer zusammengehäuften Masse wechselnder Modeformen die fixirte Gestalt einer gewissen Konvention angenommen hat, welche das bequeme Publikum nun als unabänderliches Gesetz seines Vergnügens hinnimmt? Da hätten wir ja wieder den Staubhaufen! Ist der etwa organischer, als eine gesunde selbstgewachsene Pflanze, welche aus dem Grunde der Volksseele emporgesprosst ist, und welche all' ihre Triebe, Blätter, Blüthen und Früchte, nach dem inneren Entwickelungsgesetze ihres natürlichen Lebens entwickelt hat? Gab es jemals etwas Organischeres als einen Mann, der da wusste, was er wollte, weil er es musste; „und wie er musst', so konnt' er's:" — „so und nicht anders"!? — Betrachten wir erst einmal die Organisation des Staubhaufens, und dann den Organismus der Pflanze. Erwarten uns dabei wohl erst wieder wechselnde Bilder, sie führen uns doch sicher zu guter Letzt an den festen Bau zurück.

So wird die Antwort uns bereitet auf die Frage: „Wie wuchs unser deutsches Theater organisch?" —

1. Heidenthum und Mittelalter.

Der Ursprung aus der religiösen Feier, wie er unserem Drama mit dem der Griechen gemeinsam ist, sollte zunächst als durchaus organisch gelten dürfen. Versetzen wir uns in die ältesten Zeiten zurück. Man sucht die Gottheit zu feiern, indem man ihre Thaten und Leiden in gemeinschaftlicher Andacht, aus frommer Erinnerung besingt. Bei wachsender Erregung der Phantasie erinnert man sich des göttlichen Lebens so innig, dass man den Gott gleichsam in sich selbst aufzunehmen glaubt. Dieses Gefühl wird bestärkt durch die religiöse Handlung eines Sakramentes. Seine ursprüngliche Bedeutung ist die einfache menschliche Theilnahme an den von der Gottheit dargebotenen Gaben der Natur, deren sich der Mensch durch die Arbeit der Kultur bemächtigt hat. Brot und Wein repräsentiren das Körperliche und das Geistige der kultivirten Naturkraft. Nun stellt der Mensch seine eigene Kulturarbeit an der Natur wieder unter die Hoheit der waltenden Gottheiten, welche ihm selber in dieser Natur sich zugewandt und hingegeben hatten. Indem er aber dergestalt seine Arbeit, Weinbau und Brotgewinn, aus sich herausstellt und vergöttlicht, nimmt er sie andererseits in dem Sakramente des religiösen Erntefestmahles, nun als ein Göttliches, wieder in sich auf. Das vergöttlichte Menschenwerk erscheint also jetzt in den begeisterten Mitgenossen des heiligen Mahles als eine menschgewordene Gottheit. Diess ist das Urmysterium des volksthümlichen Gottesdienstes. — Ihm gegenüber steht jener aristokratische Dienst heroischer Ahnen, deren Oberster die höchste Lichtkraft, als der Uradel der Schöpfung, selber ist. Dio-nysos und Diu-pater, der göttliche Genoss*) und der göttliche Vater: das sind zwei Welten menschlicher Religiosität; und durchaus organisch gewachsen ist aus der Einen, der öffentlichen Feier eines Volkes, das Drama, aus der Anderen, dem Hausruhm einer Familie, das Epos. In vollendeter Entwickelung lernen wir diese altarischen Kulturbildungen bei den Griechen kennen. — Wie aber sieht es bei den Deutschen aus? —

Der Waldreichthum Germaniens verwies den Ackerbau in gar enge Gränzen, und die Trauben des Weinstocks waren sauer: ob auch dem guten Kaiser Probus die sonnigeren Rheinhügel etwas von einer dionysischen Kunst der Zukunft zuraunen mochten, als er mit den ersten edlen italischen Reben von Gallien über den Strom gefahren kam. Jene ländlich heiterbewegte Demokratie althellenischer Wein- und Olivenbauern konnte sich also nicht wohl entwickeln in diesen düsteren Urwald- und Berggeländen, unter der Nebelkappe unseres ernsten Walhall-Himmels. Die Germanen waren ein aristokratisches Volk. Die rauhe Heroenzeit der Wanderung und Eroberung lag ihnen noch in Haupt und Gliedern. In ihren Göttern verehrten sie mit stolzem Bewusstsein ihre Ahnen, ihre Führer auf der Wanderfahrt, ihre Herzöge in der Schlacht. Der norwegische Bauer, in welchem der wilde heidnische Wiking zum frommen christlichen Haushalter geworden ist, führt heute noch seinen Stammbaum bis zu Odhin's Helden hinauf. Auf Einzelhöfen im engen Kreise der Familie sass das Haupt germanischer Sippe; und am Heerdfeuer in seinem Saale versammelte sich das Hausvolk um den Sänger, der von den Kampfsehren des gastlichen Geschlechtes sang. In den warmen Schranken des deutschen Hauses entstand das Heldenlied. Da gab es noch kein Zusammenströmen aus den Gauen zu lustigen Winzer- und Erntefesten, mit gemeinsamer Gottesfeier in mimischem Tanz und Spiel. Erst mit der wachsenden Kultur des Landes wird solch ein dramatisches Treiben einer grossen Gemeinschaft möglich. Nur die spärlichsten Anfänge einer dramatischen Handlung, wie sie aus solchen Festen sich entwickeln mag, zeigen sich bei uns in schlichten Erntereigen, segnenden

---

*) Diess soll keine etymologische Namensdeutung sein!

Umzügen, Winteraustreiben und Julscherzen. Mit dieser ursprünglichsten Form dionysischer Kunst traten die deutschen Stämme in den grossen Kreis der römischen Zivilisation. Wo blieb da das organische Wachsthum germanischer Kultur?

Es ward diesem Volke nicht erlaubt vom eigenen Korne sein Brot zu backen. Der universalistische Freihandel römischer Bildung trug ihm die zivilisatorischen Elemente des „Fortschritt's" als Importwaare zu. Auf eben diesem Wege, von aussen herein, ward in sein nationales Leben das Allerentscheidendste eingeführt, was einem Volke den Weg durch die Geschichte weisen kann: der führende Gott, die neue Religion. Die christlichen Begriffe der Sünde und der Busse, der Reue und des himmlischen Trostes, des Glaubens und der Liebe, sie wurden diesem tiefreligiösen Volke über die Gränzen mitgebracht, von fremden oder erobernden Racen, deren letzte und siegreichste selbst schon ein Repräsentant war der Entdeutschung durch die Erbschaft der abgelebten antiken Kultur und cäsarischen Zentralgewalt. Wahrhaftiger, lebendiger deutscher Glaube hat sich nur nach und nach im Laufe der folgenden Jahrhunderte unter heftigem Ringen und Kämpfen aus dieser äusserlichen Einführung im Herzen des Volksgemüthes entwickeln können; und dann vielmehr als eine innige Religiosität, denn als formale Religion. Der Deutsche will seinen Gott mit ganzer Seele ergreifen, er will ihn sein volles Eigen nennen, er will sich mit ihm Eins fühlen, wie mit den Göttern von Walhall, die seine Väter waren. Wo es ihm einmal gelang, dieses Einheitsgefühl zu gewinnen, da entsprosste solchem innerlich wahrhaften Gottesempfinden auch die natürliche Blüthe deutscher Kunst. Aber sobald diese Kunst sich wieder nach aussen wandte, traf sie auf ein geschichtliches Wesen, eine politische Welt, welche durchaus noch aufgebaut war aus den disparaten Elementen des Kulturimportes. Das schlug dann zurück wie Reif auf die Herzensblüthe nationaler Kunst, deren abgedorrte Wildlinge nun erst zu künstlicher Aufzucht in das Treibhaus der fremden Modegewächse mit hineingestellt werden mussten, um sich doch etwa noch eine zweifelhafte Anerkennung jener wunderlich bunten und unwahren „Kulturwelt" zu gewinnen.

Ein nationales Drama konnte nicht dort sich ausbilden, wo es keine freien Erntefeiern eines Volksgeistes gab, der fröhlich sein selbstgezogenes Eigen vom Felde in die Scheuer trüge! Auf den Stapelplätzen und in den Kaufhallen des Weltbildungs-Handels, zwischen römischen, spanischen und französischen Rhedern und Mäklern, wo blieb da Platz für ein rechtes, lebensvolles, gemeinsames deutsches Spiel? Wo war dort nun gar dasjenige Drama zu finden, welches seine Entstehung selbst jener neuen Religion verdankte, wie etwa die Dionysien von Athen dem hellenischen Volkskultus?

Der Bischof G r e g o r v o n N a z i a n z (327—890) konstruirte das erste Passionsspiel „*der leidende Christus*", in griechischen Versen aus dem Euripides, zur akademischen Erbauung klassisch gebildeter Geistlichkeit. Hiermit tritt das christliche Schauspiel, wenn nicht in das Leben, so doch in die litterarische Existenz. Verworfen und verflucht sein musste dagegen ein weltliches Theater für das Gewissen des römischen Christen, der die cäsarischen Greuel und das Blut der Märtyrer auf der antiken Bühne der Weltstadt gleichsam noch vor Augen sah. Nur in dem sakrosankten Raume der Kirche selbst mochte ein lateinisch singender und redender Klerus an hohen Festtagen sich die fromme Erbauung einer choralen und dialogischen Feier des Menschensohnes und der Heiligen vergönnen. Diese lateinische Form des religiösen Dramas — künstlich nachgebildet, nur halb durchgeführt, im priesterlichen Kultus stecken geblieben — so trat sie mit Osterspielen, Marienklagen und Weihnachtsmetten von Frankreich herüber auch in Deutschland als Stellvertreterin für ein nationales Schauspiel ein. Obwohl die Pflege dieses kirchlichen Spieles in den Händen der höchsten Bildung der Zeit lag, so ward es doch nicht bis zu einem künstlerischen Style gebracht. Vielmehr blieb es barock, wie sein Ursprung war, da man urchristliche Passionsbilder auf antik-heidnische Poesiegerüste spannte, einen alttestamentarisch-jüdischen Rahmen darumlegte, und diess Alles dann auf Lateinisch einer deutschen Gemeinde in der Basilika römischer Kirche vorführte. Liegt doch schon etwas Unorganisches und Barockes in dem von früh an festgehaltenen Wechsel von allegorischen Vordeutungen, welche oft recht erzwungen das alte Testament hergeben musste, und den schlichten Scenen der christlichen Passion. Das ist kein Stylgebilde, sondern Modeschutt, zusammengehäuftes Ueberbleibsel aus dem selbst unorganischen, griechisch-jüdisch-römischen Ursprunge christlicher Ecclesiastik.

Man erkennt diess noch heute an den höchst beachtenswerthen Beispielen unserer Tyroler und Oberbayerischen Passionsspiele. In Ober-Ammergau und Brixlegg, wenn da der Prolog mit seinen sechszehn weissgekleideten, halb antiken Genien, einer Art griechischen Chores, in herber Monotonie vor jeder Abtheilung der Handlung als steif regelrecht nach den Grössen-Maassen abgestufte Gruppe wieder erscheint, um zu verkünden, was man demnächst auf der Bühne sehen wird: so ist diess allein für sich betrachtet wohl „Styl“, aber archaistischer Styl, wie auf Pergament gemalt, und an dieser Stätte der Darstellung christlicher Passion durch deutsches Volk entschieden nur ein antiquirter Moderest. Es hat sich einmal so gemacht, und nun bleibt es so; es heisst „organisch gewachsen“, weil es historisch zusammen gerathen ist. — Darauf folgt das alte Testament in jenen undeutsch-kirchlichen Allegorisirungen altisraelitischer Volksgeschichte, ein ganz künstliches Ding theologischer Spekulation, und als solches auch ganz gebührend mit geistigen Kunstmitteln hergerichtet: nämlich als klassisch schöne „lebende Bilder“, wie solche schon von Alters in den Passionen üblich waren, welche nun aber hier unter der Leitung moderner Maler, für sich allein wiederum auf das „Stylvollste“, nach dem

Muster altdeutscher Gemälde aufgestellt sind. Diess ist der eigentlich *ideale* Theil der Passion, aber gewiss nichts Organisches in dem Volksspiele, sondern wieder ein Moderest, und genau besehen aus den verschiedensten Elemente zusammengefügt zu einer gewissen künstlerisch vornehmen, modern gebildeten Maskenschönheit, welche man auch ebensowohl in Berlin mit Domchorbegleitung bewundern könnte. — Danach folgen die eigentlichen Passionsscenen, diese nun freilich gar Deutsch, auf Derbste realistisch-volksthümlich, und darin so eigenartig und echt, wie das zu dem Vorhergegangenen am Allerwenigsten passt. Was darin bei allem Abstossenden und Widerwärtigen ergreifend wirkt, das ist ein gewisses rohes Element nationalen Vermögens: wahr zu sein. Es ist verkleidet in die malerisch vorgeschriebene Tracht, aber es trägt in seinem Kerne einen weit grösseren Werth, als er einer solchen äusseren Malerkunst eignet. Hier ist, ausser jener angelernten Tracht, weder Mode noch Styl; hier ist reine naturwüchsige Möglichkeit: dramatische Volkskraft, germanisches Dionysismus, — etwas Aehnliches, wie es von höchstem Dichtergenius über den Realismus erhoben bei Shakespeare erscheint. Allein es wird barock durch seine konventionelle Verbindung mit jenen anderen Stylelementen, welche das Spiel der Moden im Verlauf der Geschichte zusammengehäuft hat. —

Eines aber giebt es noch, was als deutscher Lebensathem alle Theile einer solchen christlich-religiösen Handlung zur künstlerischen Einheit verschmelzen sollte, und worin sie ihre recht eigentliche, innerliche Lebenssphäre fände: die Musik. — Wie klimpert und stümpert nun Das, was uns dort dafür gelten soll, um die bunten Trümmer isralitisch-lateinischdeutscher Kirchentraditionen herum, gleich einer gefälligen Aufwärterin im Kostüm des abscheidenden achtzehnten Jahrhunderts, mit tänzelnden oder schleppenden Weisen von trostlos gezierter Nüchternheit! Ein blasser Dreiblattklee von Phrase, Floskel und Formel, — zusammengesucht auf breitester Gemeindewiese musizirender Winkel-Cantorey! — Es treibt uns im Unmuth aus der „Passion" hinaus!

Diess ist der volksthümliche Rest des religiösen Dramas in Deutschland. — Und doch hat das Volk seinen altberechtigten Antheil daran. Das christliche Drama hielt sich in den strengen Mauern der Kirche nur bis zum dreizehnten Jahrhundert; dann trat es auf den offenen Markt hinaus. Hatte doch die Kirche selber sich nicht davor gescheut. Merkwürdig genug: es waren englische Bischöfe, die zur Feier des Kostnitzer Konzils, das den Huss verbrennen liess, vor Kaiser Sigismund ein Weihnachtsspiel aufführten, welches mit dem „Kindermorde" abschloss, als dem allegorischen Vorbilde des Gottesmordes auf Golgatha. Zweihundert Jahre später begannen englische Komödianten dem deutschen Schauspiel eine neue Bahn zu weisen. So wird man des Barocken nicht ledig, wenn man die vaterländische Geschichte durchschreitet! Zwischen diesem

Heraustreten des Mysteriums aus der Kirche auf den Markt und jenen, durch geistliche Anregung erneuerten, bäuerischen Passionsspielen unserer Zeit liegt die ganze Historie des deutschen Theaters.

Sobald das Heilige zum Volke kam, drang auch das Volk in das Heilige ein. Damit gewann zunächst die deutsche Sprache in dem christlichen Spiele die Herrschaft, wenn auch immer noch einzelne monumentale Bibelworte, um der höheren Würde willen, lateinisch gesprochen, und etwa hintennach erst verdeutscht wurden. Eine andere Frucht jener Vermischung war der oft recht barbarische deutsche Humor, welcher sich immer derber und breiter über die heiligen Handlungen ergoss und sie mehr und mehr verweltlichte. Da zankten sich dann die Wächter am Grabe des Herrn im gröbsten Volkstone; und noch heute schliesst das eigentliche Passionsspiel in Tyrol mit einer solchen Scene ab, welche bei dem ländlichen Publikum, nächst der halbkomischen und grotesken Rolle des Judas, gerade den lebhaftesten Eindruck hervorruft. Der römische Hauptmann, derselbe, welcher dem Gekreuzigten die Lanze in die Seite gestochen, weist die durch das Auferstehungswunder äusserst entsetzten Juden, als sie ihn durch Geld zum Schweigen bringen wollen, in der schnödesten und nachdrücklichsten Weise auf die Eigenart ihrer Nationalität zurück. Allerdings eröffnet sich damit, in eigenthümlich populär-burlesker Form, eine historische Perspektive auf die Entwickelungsgeschichte des Christenthums, welches erst durch die heidenchristliche Mission seiner Bestimmung als Weltreligion zugeführt ward. Noch bedeutsamer erscheint jener charakteristische Zug, wenn man bedenkt, dass nach der historischen Forschung der Longinus der Legende einer germanischen Legion angehört haben würde. In dem Tyroler Bauernspiele folgt aber auf diese urpopuläre Scene, welche eine volksthümliche Ahnung von Shakespeare'schem Humor verräth, sogleich die brillant arrangirte grosse Schlussallegorie, die Apotheose des Siegers über Tod und Hölle, womit man aus dem drastisch-rohen Germanismus direkt in den malerisch-barocken Jesuiterstyl zurück geräth.

Fassen wir das Eindringen des Volkes in die Mysterien auf dem Markte näher in das Auge, so erkennen wir darin wirklich ein merkwürdiges Stücklein von dem Einflusse des Heidenthums auf das Leben der christlichen Religion, auch in dem profanen Rahmen der Bühne. Der Hauptrepräsentant des Volkshumores, gewissermaassen der Chorus der Tragödie, war nun der Teufel, und dieser Teufel war die christlich-legendarisch personifizirte altheidnische deutsche Götterwelt. Donar und Loge, auch Wotan selbst, lebten fort in den burlesken Gestalten des Höllenfürsten mit dem Pferde- und Bocksfusse und den Fledermausflügeln. Was an uralt volksthümlichen Fasnachtscherzen aus dem Heidenthum, ja aus Riesenheim her (denn Fasnacht und Fasolt sind namens- und begriffsverwandt) sich im Volke erhalten haben mochte, das sprang nun flugs auf die preisgegebene Mysterienbühne, machte sich dort gehörig breit und zerstörte jede gelehrte Anstrengung, noch eine Spur von „Styl" darin zu retten. Man versuchte zwar die verschiedenartigen Elemente, welche sich dort zusammen gefunden hatten, wenigstens räumlich auseinander zu halten, indem man die dreifache Mysterienbühne erbaute, und das Teufelsvolk in den Keller verwies, wie heute etwa den Chorus des musikalischen Dramas, das Orchester, — die himmlischen Heerschaaren aber auf das (damals zuerst so genannte) „Paradies", welches im modernen Opernhause vielmehr zur Gluthölle für den deutschesten Theil des Publikums entartet ist. Aber diese äusserliche Trennung befestigte sich auch nur als eine traditionelle Modesache, ohne wie Chor und Scene im antiken Drama zu idealer Styleinheit sich zu organisiren; wofür ihr bereits die ursprüngliche schöpferische Vollkraft des religiösen Elementes gebrach.

Im weltlichen Spiele, wie es sich an solche Marktmysterien leichtlich anschliessen konnte, und worin die Rücksicht auf das Heilige ganz wegfiel, ward der Teufel völlig zum Narren, Pickelhäring oder Hanswurst. Dieser benutzte nun das an die Stelle des Heiligen tretende Tragische zur Zielscheibe seines Witzes und schoss mitten in die jammervollsten und fremdartigsten Begebenheiten seine echt germanischen Spässe. Damit traf er dann auch immer das Herz des Publikums, welches froh war aus seiner theatralischen Entrücktheit heraus sich wieder als Mensch mit Menschen zu fühlen. Auch hierin lässt sich eine gewisse Beziehung finden zu der Wirkung des modernen Orchesters, welches der ideal entrückten scenischen Handlung gegenüber in uns selbst das allgemein Menschliche zur lebhaftesten Empfindung erregt, damit aber auch gerade die idealsten Offenbarungen der Poesie mit uns persönlich in ein gemeinsames Gemüthsreich einschliesst. Diess freilich war eine Wirkung, welche dem burlesken Marktwitze des Volksschauspiels durchaus versagt blieb.

Nur ein grösstes Dichtergenie war im Stande die disparaten theatralischen Elemente zu verschmelzen, indem es auch die grosse Erscheinung der menschlichen Tragödie aus dem tiefen Grunde germanischer Natur selbst heraufbeschwor. Eben in diesem Grunde und nicht in der Form ist Shakespeare der Meister organischer Einheit. Bei ihm sehen wir, wie der zum Teufel gewordene germanische Gott sich endlich nicht mehr modisch verkleidet, sondern als persönliche Gestalt der tragischen Dichtung lebendig wird. Im „König Lear" tritt er noch als der Narr auf; aber sein Modekleid ist feucht und zerfetzt durch Sturm und Regen: das Ewig-Menschliche blickt mitleidensvoll daraus hervor und überklagt noch den Jammer des wahnsinnigen Königs durch seine sterbensmatten Spässe. „Ich aber will am Mittag zu Bette gehn" sagt der Narr, legt sich hin und stirbt so stille im Winkel des Elends, wie mit der stummen Bitte des Kurwenal: „Schilt mich nicht, dass der Treue auch mitkommt". Dann wirft er die Schellenkappe ganz fort und „will wieder recht den Teufel spielen", als er dem Mac-

beth in der nebelhaften Dreigestalt der Hexen auf öder Haide zur dämoni-
schen Prophezeihung auflauert, um den „Gott in seinem Busen" aufzuwecken,
der ihn, wie der wilde Jäger der Sage, gespenstisch zum Untergange fortreisst.
Doch daneben führt auch noch der betrunkene Pförtner seine schwankende
Stammrolle fort, welche erst der grosse Idealist Schiller mit klassisch tönenden Reimworten ihm absprach. Im Hamlet aber wurzelt der Humor,
wie ein tragischer Dämon, der sich närrisch stellt, in der Seele des Helden
selbst, und wächst ihm über das Haupt empor und über die ganze theatralische Gesellschaft hinweg, als eine neue germanische Heroengestalt. Das
ist der Heros des lachenden Weinens, jene deutsche Ironie des Gemüthes,
welche sich nicht beruhigt bei einer vergänglichen Lösung in Thaten und
Worten, sondern nach voller Erlösung verlangt, und wäre es im letzten
Reste tiefen Todes-Schweigens.

Während die gebildete Welt der Zeit an den schönen Formen wieder-
entdeckter Antike nachahmend sich ergetzte, stieg aus den Nebeln der
Nordsee jene ureigen-einzelne sächsische Heldengestalt hervor und sprach
von der schlichten Bühne des germanischen Volkstheaters als Schauspieler
das Wort der Wahrheit.

„Wisst ihr, wie das ward?"

So möchte man mit der Norn bei jeder reformatorischen Bewegung
in dieser Welt fragen, und niemals ernster und besorgter, als wenn einmal
der deutsche Geist in eine fremde Welt sein wahres Wort hineinspricht!
Als dort auf dem gepriesenen freien Bollwerk im nordischen Meere die ge-
niale Offenbarung reichster Möglichkeiten der deutschen Volkskraft auf
der Bühne des Dramas sich vollzog — da hatte sich schon auf dem Konti-
nente das Verderben aller deutschen Kultur vorbereitet, darinnen die Stimme
des Dichters verhallen musste, gleich dem letzten Worte des tragischen
Helden, der seine Welt erkannt hat und schweigend stirbt.

Doch wie hervor aus diesem Verstummen des Dramas, aus diesem
Hamlet-Schweigen des Dichtergenius, ist uns eine neue Götterwelt deutscher
Sprache und deutschen Gemüthes auf tönenden Wunderschwingen empor-
gestiegen, zu jener selbigen Zeit, welche die deutschen Heldenthaten im
Blut und Elend des grässlichsten Völkerkrieges erstickt sah:

die deutsche Musik.

---

2. Renaissance, Reformation und Wiedergeburt.

Als gegenüber der romanischen *Renaissance* mit ihrem glänzenden Aufputz reichster Kunstentfaltung eine germanische Reformation sich mit
derbem Ernste aufgerichtet, und dem geistreichen Spiele mit dem schönen
Scheine über einer innerlich verrotteten Welt ein lautes Halt! zugerufen hatte:
da entsprangen aus diesem Werke des Gerichtes drei gewaltige Folgen,

und zwar sie Alle nicht auf dem Gebiete der Religion selber, auf welchem der erste grosse deutsche Richterspruch gefällt worden war, sondern auf dem Gebiete der Weltpolitik: in dem furchtbaren dreissigjährigen Kriege, und auf dem Gebiete der Künste: in den beiden grossartigen Erscheinungen des Shakespeare'schen Dramas und der deutschen Musik. Für die gänzliche Vernichtung, welche jener Krieg einem kräftig sich selbst bestimmenden deutschen Wesen bereiten sollte, ward diesem in solchen künstlerischen Wahrhaftigkeiten eine hohe ideale Entschädigung dargeboten. Trugen sie in ihrem Schoosse doch zugleich die Keime einer deutschen Religiosität, welche im Sinne eines innerlich angeeigneten, lebendigen Christenthums von grösserer Bedeutung sein musste, als die zwistträchtigen statutarisch-konfessionellen Ergebnisse der ursprünglichen Kirchenreformation. Die fremden Bildungsformen der Renaissance konnte unsere Kultur wohl verschmerzen, wenn sie jene ihr eigenthümlichen künstlerischen Wahrhaftigkeiten wirklich besass. Ihre organische Verbindung zu einem idealen deutschen Style blieb nunmehr das Ziel aller ferneren Entwickelung unseres künstlerischen Vermögens.

Die ersten kärglichen Anfänge in den rohen Volksspielen auf der popularisirten Mysterienbühne hatten freilich einem eben einziehenden feineren Renaissance-Geschmacke nur als verächtliche Barbarismen gelten können. Eine wirkliche Verschmelzung des Volksspieles mit der höchsten künstlerischen Bildung der Zeit war damals einzig auf romanischem Boden möglich. Und zwar auch dort nur in einem Volke, welches, gegenüber jener, durch den Romanismus ihm national verwandten, antikisirenden Bildung, sich seinen eigenthümlichen geistigen und künstlerischen Charakter bewahrt hatte. Hier vermochte dann ein reichbegabter Dichtergeist durchaus in dem Geiste seines Volkes zu dichten, ohne sich erst vor einem gründlich entgegengesetzten popularen Barbarismus in einen künstlichen klassischen Akademismus hinauf retten zu müssen. So entstand das spanische Theater, welches vor dem Shakespeare'schen eben den Styl voraus hatte: die einzige wahrhaft lebendige Kunsterscheinung dieser Art in der höchsten Gattung der Dichtung zu den Stunden der geistigen Morgenröthe in Europa.

Selbst in Frankreich war eine solche Verschmelzung nicht mehr möglich gewesen. Der Volksgeist fehlte, wo der Hofgeist das Regiment erhielt. Das erste steinerne Theater der Neuzeit ward 1548 zu Paris noch von einer alten Passionsbruderschaft erbaut. Aber zu derselben Zeit verbot das Parlament die Mysterien, welche dort noch klerikal geblieben waren, doch bei dem weltlichen Bildungsdrange der neuen Zeit sich bereits überlebt hatten, und die naive Freude am Heiligen im Publikum nicht mehr antrafen. Die letzten merkwürdigen Spuren einer theologischen Dramatik finden sich noch in den allegorischen Satyren über den Kampf des Papstthums mit der Reformation, welche in jenen Jahrzehnten vor Franz I. und Karl V. aufgeführt wurden. Wie aus dem Religionsstreite ein Weltkrieg ward, so trat nun auch das weltliche Theater überall an die Stelle des geistlichen. Aber es nimmt, ganz im Sinne der Renaissance, seine Bildungsmittel nicht aus reformatorisch entwickelten volksthümlichen Elementen, sondern aus dem wieder ausgegrabenen Alterthume. Nach abstrakten aristotelischen Regeln im kühlen Tone der römischen Imitation konstruirt man sich in Frankreich den klassischen Aufbau einer neuen pathetisch-rhetorischen *Hof-Tragödie.* Diese aristokratische Poeten-Erfindung ward bald eine glänzende und vornehme Modesache der selbstgefälligen romanischen Weltbildung in den königlichen Hofkreisen französischer Autokratie. —

Charakteristisch für Deutschland war es hingegen, wie hier das Werk der Reformation historisch ausging und poetisch niederschlug. Wie freudig hatte doch noch das gute Bürgerthum aus dem Munde des Meisters seiner populären Fasnachtsspiele, des Hans Sachs, den Beginn einer neuen Zeit begrüsst! Bald aber war das vom gottbegeisterten Dämon des Deutschthums wuchtig und weihevoll begonnene Werk in die Hände der *Hoftheologie* gerathen. Diese hatte nun auch für jene rohen Volksbelustigungen eben so wenig Sinn, wie die französische Hofpoesie. Sie begünstigte dafür aber nach ihrer Art die, von dem Renaissance-Studium hervorgerufene, lateinische Schulkomödie. Wie man uns heute die Erscheinung Christi zu einer judaistischen Imitation des Seneca entstellen möchte, so trat damals Seneca's rhetorische Tragödie auf steifen deutschen Magister-Füssen für ein christlich-deutsches Schauspiel ein. Terenz und Plautus wurden in chursächsischen Schulen auf landesväterlichen Befehl zur Bildung des jugendlichen Geistes aufgeführt, und nach diesen Mustern theatralisches Gespiel aller Art gelehrsam bedächtig nachgedichtet. Selbst Luther, der die Musik als edle Mitgenossin der Theologie so hoch gepriesen hatte, wusste diese neuen Komödien durch nichts Besseres zu vertheidigen, als dass die Jugend darin „ein gutes Lateinisch reden" lerne. Ihm war auch der lustige Teufel der Volksspiele vom Markt zu einer ganz ernst zu nehmenden Person geworden, die ihn bei heiligsten Werken und in einsamer Kammer zu besuchen nicht müde ward. Dieser lutherische Teufel hatte etwas von seiner alten Götterschaft wiedergewonnen. Aus den gelehrten Vergnügungen der Schule musste er gerechterweise als eine unpassende Gesellschaft heraustreten; in den zurückgedrängten Volksstücken spukte aber sein bürgerlich-deutscher Absprössling als vertrauter Dämon der menschlichen Narrheit fort. Wie von Gott verlassen und vom Teufel genarrt, steht so das deutsche Theater auf der Wende der Zeiten und deklamirt. —

Mitten in diese seltsam eingetrocknete Renaissance, welche andererseits durch die Jesuiten noch mit etwas reicherem Glanze und beweglicherem Geiste ausgerüstet ward, dahinein fuhr nun der rechte alte Heiden-Teufel in ganz anderer Gestalt. Das grosse Unheil des Krieges wehte alles ernstliche künstlerische und gelehrte Treiben auf Jahrzehnte in wilder Unrast durch und aus einander. Diess war dieselbe Zeit, als die erste Wandertruppe

wirklich berufsmässiger Komödianten aus England nach Deutschland
gekommen war, um die volksthümlich effektvollen Stücke ihrer vaterländischen
Theaterdichter auf einer guten Geschäftsreise zur Aufführung zu bringen.
Zwischen Allegorien und Moralitäten von der „Königin Esther" und dem
„verlorenen Sohne", worin die „Verzweiflung" und die „Hoffnung" persönlich agirten, und neben dem „Pickelhäringsspiel von der schönen Marie",
erschien da das Liebespaar von Verona und der Jude von Venedig zum
ersten Male auf deutschen Bühnen und ergriffen das Publikum mit derselben
Wahrhaftigkeit, welche in niedrigerer Form den bürgerlichen Spielen und
Schwänken des grundehrlichen Nürnberger Schusters innegewohnt hatte.
Nun aber erschien sie erhoben zur tragischen Vollgewalt allgemein-mensch-
licher Schicksale und zum poetischen Wahntraumbilde erleuchtet durch die
unendliche Phantasie des dichterischen Genius. Die blasse Melancholie des
Venetianischen Kaufmann's zog wie eine leise Vorahnung von dem welt-
flüchtigen Heldenthume des Dänenprinzen durch die schauerlich - reizende
Judengeschichte vom Rialto*). — Was die Renaissance der Welt nicht zu
schaffen vermochte, wofür die Reformation vergeblich gekämpft: ein Reich
der menschlichen Wahrhaftigkeit aufzurichten — hier zeigte es sich
dem staunenden Volksgemüth an, in einer flüchtig vorüberziehenden Form,
die so wenig ein gebildeter Modeaufputz war, wie ein ideales Stylgebilde, —
ein unklar schimmerndes Ahnen der Freiheit in dem Zuchthause und der
Marterkammer des um seine Befreiung betrogenen, mit dem Tode ringenden
deutschen Geistes. Wie wann Licht und Dunkel sich scheiden, und vor
den ziehenden Wettern die farbige Feuchte ihren Wunderbogen spannt:
so zaubert der göttliche Humor der Welttragik sein phantastisches Schauspiel aus dem grausamen Zwiespalte zwischen Realität und Ideal — doch
siehe, es lischt dahin, wann kaum die neue Sonne wieder lachend auf die
vernichteten Gefilde scheint! —

Als der deutsche Geist, verwirrt und geschlagen, aus dem grossen
Elend hervortauchte, da fand er mit seinen an Blut und Schrecken ge-
wöhnten Sinnen in der verwüsteten Welt die Souveränetät des französischen
Esprits, der französischen Mode, der französischen Sprache etablirt. Dichterische Anlage, welche nach einer beruhigenden Form für die wilde Er-
regtheit des Gemüthes suchte, gewann sie sich nun in dem steif nach-
geschnittenen Modekleide des Alexandriners, worein sie die jetzt beliebten
„Haupt- und Staatsaktionen", als den Niederschlag des grossen politischen
Welthandels, immer noch nach dem ausländischen Muster eines imitirten
tragischen Seneca, einkleiden mochte. Die tiefe Unwahrheit der politischen

---

*) „Dass Wohl Gesprochene Uhrtheil Eynes weiblichen Studenten oder der Jud Von
Venedig" ward von englischen Komödianten schon zu Lebzeiten Shakespeare's, im Jahre 1608
zu Graz aufgeführt. (Joh. Meissner, die englischen Komödianten zur Zeit Shakespeare's in
Oesterreich, Wien 1884, Karl Konegen's Verlag.)

Welt in die fremde Maskenlüge des antikisirenden Formalismus gesteckt: so genügte damals der deutsche Geist, als wäre er ganz vaterlandslos geworden, jenem künstlerischen Stylbedürfnisse, welches durch die romanische Renaissance in den Kreisen einer neuen Weltbildung doch einmal angeregt, unter der pompösen französischen Hofperrücke zu eitler Beruhigung gelangt erschien. So bereicherten die deutschen Shakespeare schlesischer Schule und ihre immer klassischer sich modernisirenden Nachfolger die neuen Wanderbühnen des deutschen Theaters. Ein sich selber spielendes Volk gab es nicht mehr; der lüderliche Ueberrest seiner kriegstollen Kraft schlug das Brettergerüst auf und gab Komödien als „Schauspieler." Das Vagabundenthum war eine schrecklich nothgedrungene Mode der Zeit, und sonach auch das Theaterspiel eine Sache zigeunernder Nothdurft und geschäftlicher Berechnung geworden. Das Elend des verwahrlosten Talentes trat an die Stelle der gesunden bürgerlichen Festfreude und der populären Tradition auf der Bühne, und machte sie *modern*. Man sieht schon das „organische Werden" des Virtuosenthums und der Aktienunternehmung heutiger Tage! Die unter dem Kriegsdrange immer schärfer zusammengebundene geistliche Zuchtruthe einer konfessionellen Theologie traf dieses neue, frivole Theaterwesen mit den härtesten Schlägen; die ausübende Kunst ward ein „unsittlich" Ding, und der „Schauspieler" fand sein Grab bei dem Selbstmörder an der Kirchhofsmauer.

Die weltliche Bildung aber sprach französisch und lächelte verächtlich über die plumpe deutsche Nachahmung. Sie hielt sich lieber an eine andere, gebildetere und prunkvollere Wandergesellschaft: das war jenes echteste Kunstprodukt der Mode, die italiänische O p e r, welche sich von damals ab über die Welt, d. h. die zahlungsfähigen Fürstenhöfe verbreitete, zur allerglänzendsten Belustigung des Zeitalters der gepuderten Schäferspiele und der Perrückengalanterie. Dieser parfümirte Modestaub war nun, an Stelle der in's Barocke entarteten edelen Künste der Renaissance, der höfische Deckmantel für alle innere Herzlosigkeit, Falschheit und Roheit der blutgetränkten, aber nicht blutgesättigten Zeit. Jene antikisirende Renaissance wirkte ja auch noch fort in der virtuos entstellten Opern-Erfindung des kunstgesinnten Florentiner Adels. Wie aber hätte dem deutschen Theater in diesen Zeiten der absolut herrschenden unorganischen Modethorheiten eine Rettung erwachsen können aus den buntgemischten Elementen dieser selbst zur höfischen Mode gewordenen, trillernden und tanzenden Spaass-Renaissance? Konnten der Alexandriner und die Arie einer noch immer lebendigen deutschen Gemüthskraft zu einem künstlerischen Style verhelfen, einer Kraft, welche doch bereits in Luther'schen Bibelworten, Bach'scher Musik und Shakespeare'schen Dramen ihre erhabensten Möglichkeiten angezeigt hatte?

Da regte es sich mitten in der Staubwelt der Moden von einer zweiten Renaissance des edelsten Styles der Vergangenheit. An Stelle des vom französischen Geschmack modern maskirten Römerthums empfing ein klares deutsches Künstlerauge das reine Spiegelbild des griechischen Ideales. Welch eine Befreiung des deutschen Geistes, als er sein Auge dieser fern-entrückten Welt der klassischen Schönheit öffnete! Nun waren ihm zwei gewaltige Quellen neuen Werdens und Wirkens erschlossen: hier die ger-manischen Möglichkeiten der allgemein-menschlichen Wahrhaftigkeit, und dort die deutsche Erkenntniss der idealen Schönheit. Wie Winckel-mann die Letztere seinem Volke noch sterbend aus Italien heimgesandt hatte, so erweckte Lessing auf's Neue die Erstere durch die Wieder-gewinnung Shakespeare's für die deutsche Bühne. Aus diesen beiden Säulen bildet sich das Portal in eine neue Zeit, eine herrliche Ehrenpforte auf dem vielgewundenen Wege des deutschen Geistes zum Idealtheater.

Sollte ein idealer Styl gefunden werden auch für die deutsche drama-tische Kunst, — nur aus einer organischen Verbindung jener beiden Elemente, der Wahrheit und der Schönheit, schien er nun dem neugeborenen klassischen Geiste gestaltet werden zu können. Aber ein solches neues Stylgebilde war dann auch nicht mehr Sache eines verachteten Komödi-ntenthumes; auch nicht Sache einer daraus hervorwachsenden, willkürlichen Individualherrschaft des mimischen Talentes. Hier musste noch ein ganz Neues gewonnen werden, ein eigenthümliches Element allgemeinen künst-lerischen Lebens.

Was es aber auch sein mochte: es musste vor Allem sich moralisch durchsetzen gegen die sittliche Meinung der Zeit vom Werthe der Schau-bühne, und dann künstlerisch gegen die höfisch-opernhaften und bürger-lich-realistischen Modeformen der herrschenden Bildungsmächte. In die Lö-sung dieser grossen Aufgabe treten unsere Klassiker ein. Schiller streitet für die Bühne als moralische Anstalt, und Goethe leitet das Weimarer Hoftheater. Noch ganz disparate Elemente lagen vor, und zwei deutsche Männer, vom Genius der Nation berufen, sollten darin eine Ordnung schaffen, welche selbst als eine organische Bildung des künstlerischen Volksgeistes gelten, als ein deutscher Styl auf dem höchsten Gebiete des idealen Dramas lebendig werden könnte. Auf dem trümmerbedeckten Boden der Geschichte des deutschen Theaters galt es die grossen Möglichkeiten mit den erhabenen Erinnerungen zu einem neuen Leben der Kunst zu verschmelzen: das ein-zige Mittel dazu war die persönliche Arbeit des Genies. Alles, was uns Goethe und Schiller geschaffen haben, ist diese Arbeit des Genies an der einen Aufgabe, die disparaten Elemente der Shakespeare'schen Wahrhaf-tigkeit und der hellenischen Schönheit zu einem deutschen Style organisch zu verbinden. Ihre edelen Schöpfungen bezeichnen uns sonnenglänzende Arbeitstage; jeder dieser Tage schliesst eine eigene künstlerische Welt in sich, und jeder dieser Tage erforderte Jahre der Arbeit, um zu seinem eigenen genialen künstlerischen Rechte zu kommen. Das ganze Leben der Klassiker bestand in einer Folge solcher ihr Recht verlangender grosser

Arbeitstage, und klangvoll genug waren die Namen der Arbeiter, um auch ihre Arbeitsstätte, das deutsche Theater selbst, gesellschaftlich zu rehabilitiren.

So waren Kräfte und Stätte vorhanden für das Werk des wiedergeborenen deutschen Idealismus. Wie nahm er durch Tage und Werke seinen Weg zur erhabenen Ziel-Säule des idealen Styls? —

3. Die klassische Arbeit.

Schiller hat sich wohl am Bündigsten in der Vorrede zur „Braut von Messina", mit bestimmtem Hinblicke auf ein idealisirendes Stylelement im Drama, über seine Auffassung des Theaters ausgesprochen. Er suchte ausdrücklich nach einer *lebendigen Mauer*, welche „die Tragödie um sich herum ziehe", um — wie er sagt — „sich von der wirklichen Welt rein abzuschliessen, und sich ihren idealen Boden, ihre poetische Freiheit zu bewahren". Denn nicht nur auf eine „vorübergehende Täuschung" sollte es mit der dramatischen Kunst abgesehen sein, wobei etwa „die Wahrscheinlichkeit an Stelle der Wahrheit" genügte. Es wäre da nicht nur Komödie nach der Mode zu spielen; sondern: „auf dem bretternen Gerüst der Scene wird eine Idealwelt aufgethan" — die Welt einer Kunst, welche „auf der Wahrheit selbst, auf dem festen und tiefen Grunde der Natur ihr ideales Gebäude errichtet." Dieser Kunst, welche hierdurch eben den Charakter des Styles bekundet, „ist es Ernst damit, den Menschen nicht bloss in einen augenblicklichen Traum von Freiheit zu versetzen, sondern ihn wirklich und in der That frei zu machen;" „und dieses dadurch, dass sie eine Kraft in ihm erweckt, übt und ausbildet, die sinnliche Welt, die sonst nur als ein roher Stoff auf uns lastet, als eine blinde Macht auf uns drückt, in eine objektive Ferne zu rücken, in ein freies Werk unseres Geistes zu verwandeln, und das Materielle durch Ideen zu beherrschen."

Das ist Styl, und das bedeutet Idealisirung in der Kunst. Das bezeichnete Schiller auch als den „besseren Ruhm" des deutschen Genius in jenen stolzen Worten seines Mahngesanges an Goethe, dieses edelen Bekenntnisses seines künstlerischen Gewissens:

> „Selbst in der Künste Heiligthum zu steigen
> hat sich der deutsche Genius erkühnt,
> und auf der Spur des Griechen und des Britten
> ist er dem besser'n Ruhme nachgeschritten."

Nicht nur „in der Wahrheit das Schöne zu finden", sondern: aus der Wahrheit der Natur die ideale Schönheit der Kunst als Styl hervortreten zu lassen in ein neues Leben, eine wahrere Wahrheit — gleich der farbigen Blüthe am Sonnenlichte aus der verborgenen Wurzelkraft der Pflanze: das war die Aufgabe der klassischen Arbeit.

„Aufrichtig ist die wahre Melpomene,
sie kündigt nichts als eine Fabel an,
und weiss durch tiefe Wahrheit zu entzücken;
die falsche stellt sich wahr, um zu berücken."

Allein für solch ein erhabenes künstlerisches Bestreben im Dienste der „wahren Melpomene" bot gerade das deutsche Theater, trotz Lessing's kritischer Säuberung, in seinem ihm wesentlich verbliebenen Realismus, dem „nur der Natur getreues Bild gefällt", den klassischen Idealisten noch keinerlei organische Bildung dar. Was hätte da wohl „den Ideen zur Beherrschung des Materiellen" eine bindende Form verleihen sollen? „Nur bei dem Franken" — so sang Schiller selbst —:

„Nur bei dem Franken war noch Kunst zu finden,
erreicht er gleich ihr hohes Urbild nie;
gebannt in unveränderlichen Schranken
hält er sie fest, und nimmer darf sie wanken."

Vor Allem aber die Sphäre selber fehlte den Dichtern für das deutsche Theater: jene Sphäre, aus welcher, als aus einer höheren Natur, eine solche ideale Form als Styl sich entwickeln konnte. Vor ihren erleuchteten Blicken stand — hoch über dem „wilden Reich der Phantasie", welche „die Bühne wie die Welt entzünden" will, ja, ferne auch von den „freien Tönen der Leidenschaft" in des unsterblichen Briten dumpfig-düsterem Volkstheater —: das einzig göttlich-lichte Idealgebilde der hellenischen Tragödie. Da war in der That einmal die edelste künstlerische Form aus der idealen Sphäre des religiösen Kultus hervorgegangen; und das war ein monumentaler Styl von höchstem Kunstwerthe gewesen. Unsere deutschen Dichter erstrebten für den Geist ihres Volkes, und für die Wirklichkeit seines Theaters einen gleichen monumentalen Idealstyl.

„Doch leicht gezimmert nur ist Thespis' Wagen
und er ist gleich dem acheront'schen Kahn;
nur Schatten und Idole kann er tragen,
und drängt das rohe Leben sich heran,
so droht das leichte Fahrzeug umzuschlagen,
das nur die flücht'gen Geister fassen kann.
Der Schein soll nie die Wirklichkeit erreichen,
und siegt Natur, so muss die Kunst entweichen."

Dieser drohenden Gefahr sahen sie sich immer von Neuem ausgesetzt, sobald sie es dem Theater zumutheten, dem höchsten Ideale ihres Dichtertraumes dienstbar werden zu sollen.

Wo jene schöpferische Sphäre des Idealismus — wie es die künstlerische Religion der Griechen gewesen war — fehlte: da blieben die grossen und kühnen Arbeiter für das Ideale auf der Bühne doch immer nur erst allein auf ihre eigenen, einzelnen, idealischen Kunstwerke angewiesen. Als Goethe am 20. Juli 1799 gegen Schiller sich beklagte über „die Greuel des Dilettantismus", die er wieder erleben müssen, da fügte er resignirt hinzu: „Uebrigens hat mir diese Erfahrung, sowie noch andere in

andern Fächern, die Ueberzeugung erneuert, dass wir Andern
nichts thun sollten, als in uns selbst verweilen, um irgend
ein leidliches Werk nach dem andern hervorzubringen; das
Uebrige ist alles vom Uebel." Diese „leidlichen Werke" bedeuteten dann
ebensoviel verschiedene Versuche, eine ästhetisch schöne Form mit philo-
sophischem und künstlerischem Geiste zu erfüllen. So hofften die Dichter —
zu liebevoll und liebebedürftig, um ganz nur in sich verweilend zu bleiben
— doch wenigstens den poetischen Idealismus als solchen zu immer reinerem
Ausdrucke und tieferem Eindrucke zu bringen, dadurch den Geist des
Theaters allmählich zu heben, und somit auch den Geist des Volkes
zu bilden:

> „So nach und nach erblühet leise — leise
> Gefühl und Urtheil wirkend wechselweise;
> in eurem Innern schlichtet sich der Streit,
> und der Geschmack erzeugt Gerechtigkeit."
>
> (Goethe, Berliner Prolog 1821.)

Oder in anderen Worten, mit noch freundlicherem Entgegenkommen gegen
das Publikum:

> „Denn Keiner ist, der nicht mit jedem Tage
> die Kunst mehr zu gewinnen, sich zu bilden,
> was unsere Zeit und was ihr Geist verlangt,
> sich klarer zu vergegenwärt'gen strebte.
> Drum schenkt uns freien Beifall, wo's gelingt,
> und fördert unser Streben durch Belehrung —
> — — — — — sie kann uns hier nicht fehlen,
> hier, wo sich früh, vor mancher deutschen Stadt
> Geist und Geschmack entfaltete, die Bühne
> zu ordnen und zu regeln sich begann."

So mochte Goethe als prologisirender Poet des Weimarer Hoftheaters bei
seiner Wanderung zum Gesammtgastspiel in Leipzig (1802) singen. Die
Prosa stäts wiederholter Erfahrung sprach leider anders! Wie mit jedem
neuen Werke standen die Dichter mit ihrem idealisirenden Bildungs-
bemühen doch immer nur wieder auf demselben, nur „stehend" und „höfisch"
gewordenen, Brettergerüste der alten deutschen Markt- und Wanderbühne
mit ihrem realistischen Schauspielerthume, und vor dem nach Unterhaltung
und Zerstreuung verlangenden, ebenso grundrealistischen Stadtpublikum
dieses Theaters. „In dem Theater wünschte ich Sie nur bei einer Re-
präsentation", schrieb Goethe gerade aus jenem gefeierten Leipzig Ende
April 1800 an Schiller. „Der Naturalismus und ein loses, unüberdachtes
Betragen im Ganzen wie im Einzelnen kann nicht weiter gehen." (1800!)
Darauf antwortete Schiller am 5. Mai: „Die Beschreibung, die Sie vom
dortigen Theater geben, zeigt eine Stadt an, und ein Publikum, das
wenigstens auch keinen Anspruch auf Kunst und Kunstrichterei macht, und
blos amüsirt und gerührt sein will. Es ist aber traurig, dass die dramatische Kunst in so schlechten Umständen sich befindet." — Ein Jahr später

als es Schiller sogar bedenklich schien, dem Theater eine Dichtung wie seine „Jungfrau" überhaupt anzuvertrauen, schrieb ihm Goethe: „Einer Vorstellung Ihrer Jungfrau möchte ich nicht ganz entsagen. Sie hat zwar grosse Schwierigkeiten, doch haben wir schon grosse genug überwunden; aber freilich wird durch theatralische Erfahrungen Glaube, Liebe und Hoffnung nicht vermehrt."*)

Im ununterbrochenen Kampfe gegen eine immer sich vordrängende theatralische Geschmacklosigkeit, Frivolität und Niedertracht, wie gegen die öffentliche Gleichgiltigkeit, Oberflächlichkeit und Unbildung, durften die Klassiker kein Mittel unversucht lassen, um vor Allem nur erst den Sinn des Publikums und das Talent der Schauspieler an edeler geartete Aufgaben der Kunst zu gewöhnen, gewissermaassen durch Anschauungsunterricht und Aktzeichnen ihnen die Augen zu schärfen und die Finger zu geschmeidigen für ein künstlerisches Schaffen und Geniessen überhaupt. Nicht eher konnten sie daran denken, in jenen Beiden die nothwendig zusammenwirkenden Theile für ein ideales deutsches Theater zu erkennen und zu

---

*) Die Jungfrau von Orleans kam in der That in Leipzig eher zur Aufführung als in Weimar, wo der Herzog Karl August selber, durch persönliche Rücksichten stark mitbestimmt, einen Aufschub der Bühnendarstellung des Werkes dringend gewünscht und durch Vermittelung Karolinens von Wolzogen bei Schiller auch durchgesetzt hatte. Der Herzog schrieb der Vermittlerin u. A. die denkwürdigen Sätze: „Schiller's Mädchen von Orleans hat gewiss in seiner Art das schönste Ensemble, und poetische Verdienste, wie sie selten anzutreffen sind." — „Die betrübte deutsche Sprache ist in die schönste Melodie gezwungen, deren sie fähig ist, und die der deutschen Muse angeborene Herzlichkeit hat Schiller so veredelt wirken lassen, dass man zwischen Erhabenheit und Herzlichkeit schwebt, wenn man dieses Gedicht liest." „Er hat auch gewusst, eine Geschichte, die verwandt mit derjenigen ist, die er behandelte, und die in veredelten Einbildungs- und Erinnerungskräften (wie die unsrigen) mit lebhaften Farben abgedrückt steht, dergestalt vergessen zu machen, dass wir auch nicht einen Augenblick nur, bei Lesung und Hörung der Schiller'schen Jungfrau, an Voltaire's Pucelle dachten, oder zu Vergleichungen gereizt wurden". (Diess reizt uns heut zur Vergleichung mit Wagner's Worten in den „Bayreuther Blättern" 1878 S. 220. „Publikum und Popularität III.) Karl August fährt aber fort: „Ob uns auch die Wohlthat dieses reinen Genusses bliebe, wenn Schiller's dialogisirtes Poëm als Theaterstück die Bühnen betreten müsste? Daran zweifle ich sehr." — „Sobald dieses Heldengedicht in den alles so sehr beschränkenden Brettern und Vorhängen erscheint, und die fatale Reise durch unkünstlerische, ungebildete Organe machen muss, alsdann fällt gewiss die schönste Blüthe der Dichtung ab, und oft möchte uns ein kahler Baum dabei einfallen." „Möchte doch Schiller sich von uns überzeugen, dass wir es gern auf dem Theater sehen möchten, aber dass wir es lieber für die freiesten Augenblicke der Einsamkeit oder einer geschlossenen gebildeten Gesellschaft aufheben möchten." „Schiller selbst ist gewiss überzeugt, dass er sein Stück zur wirklichen Aufführung abkürzen und hier und da etwas, das gar zu sehr der biblischen Schaubühne sich nähert, abändern müsse; aber ich für mein Theil möchte auch nicht um ein Wort ärmer im Besitze seines Meisterwerkes werden, und so geht es gewiss Mehreren du peuple." Hier ist jedes Wort merkwürdig, welches der deutsche Mäcenas-Augustus dem Meisterwerke seines Klassikers zugab — bis zu dem französischen Kehraus. —

benutzen. So übersetzte der Dichter der „Iphigenie" und des „Tasso" den „Mahomet" und den „Tancred" von Voltaire („für unsere theatralischen Zwecke gewiss sehr förderlich, ob ich gleich wünschte, dass der „Faust" es verdrängen möchte." Schiller); so der Dichter des „Wallenstein" und der „Jungfrau", als seine letzte Arbeit, die „Phädra" von Racine. Ja, Shakespeare selbst ward von ihnen der klassischen Glättung unterzogen, wie der „Macbeth" durch Schiller, der „Romeo" durch Goethe: damit man auch daran erlernen könne, was ein tönend bewegter dramatischer Vers, was ein idealer Vorgang auf der Bühne bedeute.

Noch 1812 schrieb Goethe an Karoline von Wolzogen: „Ich darf nicht schliessen, ohne Ihnen zu melden, dass ich durch unsere Theaterbedürfnisse, welche freilich täglich dringender und täglich weniger befriedigt werden, mich habe unmerklicher Weise verleiten lassen, das Shakespeare'sche Stück „Romeo und Julia" zu bearbeiten. Die Maxime, der ich folgte, war: das Interessante zu konzentriren und mehr in Harmonie zu bringen, da Shakespeare nach seinem Genie, seiner Zeit und seinem Publikum viele disharmonische Allotria zusammenstellen durfte oder musste, um den damals herrschenden Theatergenius zu versöhnen. Ich werde Ihre Frau Schwester bitten, dass sie Ihnen von der Aufführung eine Relation zusendet. Sie drückt sich über solche Dinge ebenso gut aus, als sie darüber denkt." Diese Schwester, Charlotte Schiller, sagte in einem Briefe an die Erbgrossherzogin von Mecklenburg-Schwerin d. d. 5. Februar 1812 über die Bearbeitung Goethe's, welche 6 Tage nach Goethe's Briefe, am 3. Februar, in Weimar zur ersten Aufführung gelangt war: „Es liegt die Uebersetzung von Schlegel zu Grunde, aber Manches ist so Goethisch, dass man es bald fühlt; und wunderbar und gross geht der Geist Shakespeare's über die Scene. Es ist eigentlich nur die Liebe geblieben, die rein durch das Stück hindurch geht, und alle anderen Sachen sind nur angedeutet. Das Ende ist, fühle ich, ganz vom Meister (Goethe); denn wie die Entwickelung sich auflöst, wie die Todten alle ruhen, schliesst der Pater das Gewölbe zu und sagt:

„So ruhe nun auf ewig Hass und Lieben
im Frieden dieser Gruft." — —"

Sie beendigt aber ihren Bericht mit den Worten: „Wie ich mich über die Urtheile geärgert habe, wie in poetische Wuth gerathen, will ich Ihnen nicht sagen. Aber man verkennt ganz das Stück, den Werth der Bearbeitung, und Alles will nur richten. Wenn ich diese Menschen achten könnte, so würde ich recht böse; so ist es nur ein vorübergehender Zorn." — Allerdings hatte das Richten-Wollen es in diesem Falle gar leicht gehabt; denn wer nicht die idealisirende Tendenz des Dichters begriffen hatte, welche überall mehr dem Theater, als Kulturstätte, wie den einzelnen Dichter-Individualitäten galt, der fand sich jener Bearbeitung des Romeo gegenüber eben lediglich in der bequemen Lage eines durch das scheinbar

willkürliche Wegstreichen vorzüglichster Partien der Dichtung beleidigten Zuschauers. Er brauchte nur zu schauen und zu schelten; denn er sah nur die
theatralische Verkörperung des späterhin von Goethe (1826) ausgesprochenen
Urtheils über Shakespeare: „Er zerstört den tragischen Gehalt der
Ueberlieferung beinahe ganz durch die zwei komischen Figuren, Mercutio
und die Amme, wahrscheinlich von zwei beliebten Schauspielern, die Amme
wohl auch von einer Mannsperson gespielt. Betrachtet man die Oekonomie
des Stückes recht genau, so bemerkt man, dass diese zwei Figuren, und
was an sie gränzt, nur als possenhafte Intermezzisten auftreten, die uns
bei unserer, folgerechte Uebereinstimmung liebenden Denk-
art auf der Bühne unerträglich sein müssen". Unerträglich vom
Standpunkt des Idealisators, der nun einmal auf dem Boden des rezitirten
Drama's stehend, wohl oder übel auch an dessen grössesten Meister den
Maassstab seiner klassischen Arbeit anlegen musste. Wer sich daran ärgerte,
mochte Shakespeare verstehen, aber nicht die klassische Arbeit! —

Auch manches seltsame Experiment mit todtgeborenen Werken der
Zeitgenossen erklärt sich aus demselben Bemühen einer nur erst formalen
Erziehung des Kunstgeschmackes im deutschen Theater. So hatte Schiller
am 8. Mai 1802 an Goethe geschrieben: „Für den Alarkos" (von Fr.
von Schlegel) wollen wir unser Möglichstes thun, — leider ist es ein so
seltsames Amalgam des Antiken und Neuestmodernen, dass es weder Gunst
noch Respekt wird erlangen können. Es sollte mir leid thun, wenn die
elende Partei, mit der wir zu kämpfen haben, solchen Triumph erhielte.
Meine Meinung ist, die Vorstellung des Stückes so vornehm und ernst
als möglich zu halten, und Alles was wir von dem Anstand des
französischen Trauerspiels dabei brauchen können, anzuwenden;
können wir es nur soweit bringen, dass dem Publikum im-
ponirt wird, dass etwas Höheres und Strengeres anklingt,
so wird es zwar unzufrieden bleiben, aber doch nicht wissen, wie es daran
ist." — Hierauf erwiderte Goethe am 9. Mai: „Ueber den Alarkos bin ich
völlig Ihrer Meinung; allein mich dünkt, wir müssen Alles wagen,
weil am Gelingen oder Nichtgelingen nach Aussen gar nichts
liegt. Was wir dabei gewinnen, scheint mir hauptsächlich Das zu sein,
dass wir diese äusserst obligaten Silbenmaasse sprechen
lassen und sprechen hören".

Da war es wieder, das nothgedrungene Bekenntniss der deutschen
Meister: dass „nur beim Franken noch die Kunst zu finden", wenn er
auch ihr „hohes Urbild" nie erreichte!" Denn noch schien ihm, dem
Franken, nach Schiller's Worten:

> — „ein heiliger Bezirk die Scane;
> verbannt aus ihrem festlichen Gebiet
> sind der Natur nachlässig rohe Töne,
> die Sprache selbst erhebt sich ihm zum Lied;

es ist ein Reich des Wohllauts und der Schöne,
in edler Ordnung greifet Glied in Glied,
zum ernsten Tempel füget sich das Ganze,
und die Bewegung borget Reiz vom Tanze!"

Welche hehren Ahnungen des höchsten Idealismus entnahm da der erhabene Geist des Meisters deutscher Dichtung und Sprache dem fremden Noth-Beispiel der klassischen Arbeit: dem Theater der Franzosen! Wie merkwürdig ergänzend stimmt doch hierzu, was in ihren Briefen aus Paris im selben Jahre 1802 seine Schwägerin ihrer Schwester nach Weimar über jenes Theater schrieb: „Wie ich aber fühlte, was unsere Tragödie durch Schiller geworden ist; wie hoch wir stehen, und welche Kinder im Ausdrucke die Franzosen sind! Nur Schauspieler fehlen uns, um das aller Welt zu zeigen." „Wäre es möglich, eines von Schiller's Stücken mit dieser Kunst, diesem Ensemble zu sehen! Die wenigen Personen, die Kürze machen eine Vollkommenheit der Vorstellung nur möglich. Bei dem vielfach Zusammengesetzten unseres Schauspiels muss allerhand vorkommen, was diese Art von Ensemble der französischen Bühne unterbricht. Aber, wenn die echte Hoheit und Wahrheit seiner Helden je so ausgedrückt werden könnte, wie Talma Corneille's Gestalten ausdrückt, so wäre das ein unaussprechlicher Genuss." „Durchaus kein Wort lässt die französische Deklamation fallen; jedes wird gewürdigt, und von der Lässigkeit, mit der ganze Stellen bei uns abgehaspelt werden, zeigt sich keine Spur. Alles ist Leben und Bewegung um den Redner; keiner lässt den Antheil, den er seiner Rolle nach zu nehmen hat, auch nur einen Moment aus dem Auge." „Das Publikum ist immer rege und warm; alles schlägt an und wird gefasst" u. s. f. —

Jenes französische Theater besass für den „kindlichen Ausdruck" seiner „klassischen" *Tragédie* eben den formalen Styl in Spiel und Sprache, das Maass, die Haltung und Ordnung im Einzelnen und im Ensemble, die regelnde und fesselnde künstlerische Vernunft: das Erzeugniss einer abgeschlossenen Sphäre, zwar nicht ästhetischer Religion, doch aber feinkultivirter Hofgesellschaft. „Man mag von den französischen Trauerspielen sagen, was man will", meinte auch Freund Knebel, „das Sentenziöse und Edle darin hat doch wenigstens auf die äussere Anständigkeit der Nation sehr gewirkt." Alles diess nun aber im idealen Sinne den höchsten dichterischen Aufgaben des „deutschen Genius" dauernd dienstbar zu machen, das sollte den Klassikern unserer Nation noch ein fernes Ziel erhabener Sehnsucht bleiben. Noch ward ihnen die Sprache nicht zum Lied, noch das Theater nicht zum Tempel. Ja, in Ermangelung der grossen, einheitlichen künstlerischen Sphäre ihres Idealismus auf der vaterländischen Bühne, aus welcher ihnen organische Bildungen zur Ausführung der edelsten Aufgaben der Kunst hätten zugewachsen sein können, mussten ihnen vielmehr auch jene beiden sich nothwendig ergänzenden Repräsentanten dieser Sphäre abgehen: die künstlerische Vernunft des Schauspielers und das künstlerische Gemüth des Zuschauers. Wenn sie dann ihrem zeitgenössischen, zu wechselseitiger Bildung und Belehrung angerufenen Publikum wiederum das fränkische Noth-Beispiel als Erziehungsmittel aus einer feineren Kultur des Geschmacks heranzogen, so blieb das deutsche „Parterre" ihnen reglos und kalt und täuschte selbst Schiller's letzte Hoffnungen auf die etwa mögliche Wirksamkeit des „falschen Propheten":

> „Nicht Muster zwar darf uns der Franke werden!
> Aus seiner Kunst spricht kein lebend'ger Geist;
> des falschen Anstands prunkende Geberden
> verschmäht der Sinn, der nur das Wahre preist:
> ein Führer nur zum Besser'n soll er werden;
> er komme, wie ein abgeschied'ner Geist,
> zu reinigen die oft entweihte Scene
> zum würd'gen Sitz der alten Melpomene."

Auf diese Arbeit zurückblickend, musste dann wohl Goethe am Abend seines Lebens gegen Eckermann eingestehen: „Ich hatte wirklich einmal den Wahn, als sei es möglich, ein deutsches Theater zu bilden. Ja, ich hatte den Wahn, als könne ich selber dazu beitragen, und als könne ich zu einem solchen Baue einige Grundsteine legen. Ich schrieb meine „Iphigenie" und meinen „Tasso", und dachte, in kindischer Hoffnung, es würde so gehen. Allein es regte sich nicht und rührte sich nicht, und blieb Alles wie zuvor. Hätte ich Wirkung gemacht und Beifall gefunden, so würde ich euch ein ganzes Dutzend Stücke wie die „Iphigenie" und den „Tasso" geschrieben haben. An Stoff war kein Mangel, allein es fehlten die Schauspieler, um dergleichen mit Geist und Leben darzustellen, und es fehlte das Publikum, dergleichen mit Empfindung zu hören und aufzunehmen." —

Das deutsche Publikum, anfangs so heftig erregt durch das naturalistisch elementare Hervorbrechen des jungen deutschen Genius in Werken wie „Götz" und „die Räuber" — es zeigte sich im Allgemeinen gar verständniss- und theilnahmslos gegenüber der späteren, eigentlich klassischen Arbeit der Dichter an der Idealisirung des deutschen Theaters. „Die Blüthe des Gefühls, das innige Ineinander-Uebergehen des Dichters und Zuschauers war selten rein vernehmbar." (K. v. Wolzogen, Schiller's Leben, S. 304.) Nur erst allmählich fand in dem Gemüthe einer hoffnungsvolleren Jugend — über die nachbarliche Studentenschaft von Jena hinaus — dieser hohe Idealismus ihres Wirkens, als solcher, einen starken Widerhall und legte den Keim zu der nationalen Begeisterung zukünftiger Freiheitskämpfer. „Wir werden diese Zeiten nicht sehen, aber unsere Kinder werden dazu wirken, dass Deutschland sei das erste Reich der Welt an Kraft und wahrer Bildung, an gesetzmässiger Ordnung und echter Religion. Süss, unaussprechlich süss und erhebend muss es Dir sein, meine Theure, lebendig fühlen zu dürfen, welch einen Samen zum Erblühen aller Tugenden und des

heiligsten Gefühls im Menschen Schiller sterbend hinterlassen hat. Er
hat Millionen begeistert und wird sie begeistern." So schrieb nach den
Freiheitskämpfen Wilhelm von Humboldt's geistvolle Gattin an
Schiller's Wittwe. War es schon Hyperbel, von den begeisterten Millionen
zu sprechen — welche kühne Illusion der edelen Frau, das ideale Deutschland Schiller'schen Geistes bereits den Kindern ihrer Generation
verheissen zu wollen! Aber diess konnte der idealische Enthusiasmus
aus der klassischen Periode doch damals hoffen. Allein jäh gebrochen
schwand auch der Idealismus der jungen Freiheitskämpfer bald dahin, und
mit ihm die rasch aufgeflammte Wirkung Schiller'scher Gemüthsbildung.
Sie hatte nicht Zeit, sich bis in das Herzblut der Nation hinein zu vertiefen. Als dann auch noch der reine Ausdruck jenes Geistes, die
Sprache Goethe's, uns verdorben ward: da war Alles ausgelöscht, was
jene herrliche Zeit der Wiedergeburt deutschen Wesens uns auf der Höhe
unserer nationalen Hoffnung entzündet hatte. Und das warnende Vorbild
solchen Schicksals bietet uns das deutsche Theater dar, schon unter
der klassischen Arbeit selbst.

Wenn es noch gelungen war, der Jugend und besonders „jugend-
heissen Gemüthen" jener Tage den enthusiastischen Aufschwung idealer
Regungen zu bereiten, so scheiterte doch das edelste Bemühen der grossen
Dichter eben an jener andern, praktischen Aufgabe: auch der deutschen
Schauspielkunst zum idealen Style, und vor Allem zur idealen Sprache
zu verhelfen. „Das Theater," sagt Schiller, „und die Kanzel sind die
einzigen Plätze für uns, wo die Gewalt der Rede waltet." Sie entfaltete
er im höchsten Glanze und mit geistigster Kraft in seiner „Braut von
Messina". Das war denn freilich das schwerste Problem für die Technik
der theatralischen Darstellung. Es ist und bleibt das merkwürdigste Beispiel und allerkühnste Experiment, einen idealen Styl auf der deutschen
Bühne zu verwirklichen, und damit auch die deutsche Schauspielkunst wie
mit Einem Male in eine ihr nur erst mühsam geistig vermittelte ideale
Sphäre ihrer Thätigkeit zu versetzen. „Wenn dieses echte Kunstwerk recht
gewürdigt wird, so muss mit ihm eine neue Epoche für die Bühne
beginnen," schrieb Balthasar Fischerich am 10. Mai 1805, ahnungslos,
dass am Tage vorher der Heros dieser Epoche seine Augen für immer auf
der Bühne dieser Welt geschlossen hatte. Aber noch nach Jahren (1818)
sang auch der grosse vereinsamte Dioskuros von Weimar in ein buntes
Maskenfest der heiter fortlebenden russisch-deutschen Zeitgeselligkeit hinein,
eben über jenes einzige Werk, durch den Mund der „Morgenröthe"
die ernsten Worte seiner ehrfürchtig gedenkenden Bewunderung:

„Uns zum Erstaunen wollte Schiller drängen,
der Sinnende, der Alles durchgeprobt!"

Schon im Jahre 1797 hatte Schiller über dem Plane seiner „Maltheser"
gesonnen, darin ein Chor der Ritter auftreten solle; und drei Jahre später

hatte Goethe selbst das Gleiche mit seinem fränkischen Noth-Beispiele, dem „Tancred“, versuchen wollen, worüber ihm dann Schiller geschrieben hatte: „Wenn Sie den Gedanken mit dem Chor ausführen, werden wir auf dem Theater ein wichtiges Experiment machen.“ Nun, Schiller nahm es sehr ernst mit seinen Experimenten. Wiederum drei Jahre später war das „Trauerspiel mit Chören“ gedichtet. Aus dem nunmehr klarsten Bewusstsein von dem Nothwendigsten für das deutsche Theater wollte er durch seine Nachbildung des antiken Chores die ersehnte ideale Sphäre selber, künstlich, als „lebendige Mauer“ um die Tragödie zaubern. So sollte das Publikum aus persönlicher Erfahrung, am Augenscheine, es erkennen lernen: dort oben sei nun wirklich eine von der Realität abgeschlossene eigene „Idealwelt“, worin auch die Schauspieler als ideale Gestalten nicht mit einer ungeschickt skandirten Alltagssprache sich behelfen dürften, sondern die erhabene Lyrik eines künstlerisch und philosophisch hochgebildeten Dichtergeistes als die natürliche Sprache jener idealen Welt zu reden vollberechtigt wären — vorausgesetzt, dass sie diese Sprache, und zwar einzeln wie im Chore, wirklich reden könnten! — Wer fragt noch, ob diess glücken — als ein dauernder Styl deutscher tragischer Kunst glücken konnte?! Schiller's eigene, dicht darauf folgende letzten Werke geben die zweifellose Antwort. „Tell“ und „Demetrius“ zeigen ihn uns alsbald wieder auf neuen Wegen zum selben Ziele: „die sinnliche Welt in eine objektive Ferne zu rücken“, und ein „ideales Gebäude auf dem Grunde der Natur zu errichten“. Die Rütli-Scene, der polnische Reichstag sind hierfür grandiose Beispiele, und die Erscheinung Axinia's im Kerker Romanow's weist mit ahnungsvollem Sphärenklange noch darüber hinaus in ein Land der tönenden Wunder, dessen ersten blondlockigen Sendboten im Kerker des „Egmont“ einst Schiller selbst mit strengem ästhetischen Tadel zurückgewiesen hatte*). „Man muss es wagen, bei einem neuen Stoff die Form

---

*) Schiller, 1788: „Je höher die sinnliche Wahrheit in dem Stücke getrieben ist, desto unbegreiflicher wird man es finden, dass der Verfasser selbst sie muthwillig zerstört. Egmont hat alle seine Angelegenheiten berichtigt und schlummert endlich von Müdigkeit überwältigt ein. Eine Musik lässt sich hören, und hinter seinem Lager scheint sich die Mauer aufzuthun; eine glänzende Erscheinung, die Freiheit, in Klärchen's Gestalt zeigt sich in einer Wolke. — Kurz, mitten aus der wahrsten und rührendsten Situation werden wir durch ein Salto mortale in eine Opernwelt versetzt, um einen Traum — zu sehen. — Gefalle dieser Gedanke, wem er will, Recensent gesteht, dass er gerne einen sinnreichen Einfall entbehrt hätte, um eine Empfindung ungestört zu geniessen.“ — („Ueber Egmont, Trauerspiel von Goethe.")

Schiller, 1804: „Romanow im Gefängniss wird durch eine überirdische Erscheinung getröstet. Axiniens Geist steht vor ihm, öffnet ihm den Blick in künftige, spätere Zeiten, und befiehlt ihm, ruhig das Schicksal reifen zu lassen, und sich nicht mit Blut zu beflecken. Romanow erhält einen Wink, dass er selbst zum Thron berufen sei; kurz nachher wird er zur Theilnehmung an der Verschwörung aufgefordert: er lehnt es ab.“ („Entwurf zum Trauerspiel Demetrius.")

nen zu erfinden", hatte der grosse Dichter inzwischen einmal anf seiner
steil ansteigenden Bahn mit dem ganzen Heldenmuthe des immer wieder
zweifelnd Sinnenden und Suchenden, „der Alles durchgeprobt", ausgerufen;
— und so hatte er, sicher nur des Einen idealen Zieles, der tiefen,
wahren Wahrheit von der „Idealisirung des Theaters", gewagt und ge-
probt, gesonnen und gesucht, bis der Tod dem rastlosen Arbeiter allzufrühe
das letzte Ziel setzte:

> „Er wendete die Blüthe höchsten Strebens,
> das Leben selbst, an dieses Bild des Lebens!"

Der grosse, heroische Styl aller dieser merkwürdigen Versuche liegt
in der ihnen gemeinsamen edelen Absicht den Styl zu finden, selbst um
den Preis einer stäten Neu-Erfindung; und diese Absicht ist der energische
Ausdruck des genialen Idealismus einer grossen dichterischen Persönlichkeit. Nur solch eine gewaltigste Persönlichkeit konnte einst mit jugendlich
überquellender Schöpferlust den entschiedenen Schritt von „Kabale und Liebe"
zum „Carlos" thun, dann, nachdem sie „im Poetischen einen völlig neuen
Menschen angezogen", mit ernst besonnener Manneskraft auf die historischen
Dramen des „Wallenstein" und der „Maria Stuart" das romantische Trauerspiel der „Jungfrau" folgen lassen, und endlich noch aus Krankheit und
Zweifel heraus zu jenen letzten, immer neuen Versuchen idealer Stylbildung
von der „Braut" bis zum „Demetrius" sich aufraffen. „Schiller lebte kurz
genug — so sagt Wagner — um nur den Zweifel zu hegen, welchen zu
bekämpfen er sich eben so edel bemühte." „Nie hat ein Menschen-
freund für ein verwahrlostes Volksleben gethan, was Schiller für das
deutsche Theater that." — „Goethe — fügt er hinzu — lebte länger als
Schiller und verzweifelte an der deutschen Geschichte." — Der grosse
Freund, welcher den „Demetrius" hatte vollenden wollen, unterliess diess
in dem ihm eigenen Gefühle einer künstlerischen Freiheit, welche mit ihrem
quälenden Widerspruche gegen die Weltumgebung damals sich wider ihn
selbst zu kehren schien, und welche gerade ihn, Goethe, den sogenannten
„Realisten" der klassischen Poesie, — nach Wagner's Ausspruch — als
den grösseren Idealisten uns gelten lassen sollte. Wandern doch seine
schönsten dichterischen Gestalten vor uns wie die persönlich gewordenen lebendigen *Ideen* der wahrhaftigen Natur. Sie bedürfen kaum mehr
der idealen Bühne, des idealisirenden dramatischen Styles, um den deutschen
Volksgeist in das höhere Naturreich des Idealen zu versetzen. Das ist
jenes Reich, welches auch in den Meisterwerken der absoluten Musik dem
Hörer sich aufthut und ihn, so lange er ganz darinnen lebt, der theatralischen
Möglichkeiten einer dramatischen Verwirklichung des Ideals vergessen lässt.

Auch Goethe hatte einen krausen Weg auf den Brettern der deutschen
Bühne durchschritten, von seinem lebensvoll-formlosen urdeutschen „Götz"
bis zu der formvollendeten, s. z. s. ganz Form gewordenen „Natürlichen
Tochter", diesem Meisterwerke absolut-poetischer Idealisirung einer noch

theatralisch gedachten Handlung. Gleichwie er es eben damit aufgab, seinen Weg als „Theaterdichter" weiter zu schreiten, so gab er hernach es auf, die praktische Arbeit durchzuführen, der er von der eigenen poetischen Thätigkeit fort sich mehr und mehr zugewandt hatte: den idealisirenden Versuchen des deutschen Genies auch das rechte Ausführungsmittel in einer idealen Schauspielerkunst heranzubilden. Wie die Werke, so die Meister; denn es waren Meister der Wahrheit! Goethe zeigt uns den grossen klassischen Gedanken der *Idealisirung* in seiner wundervollen Menschengestalt, als geistiges Individuum, als persönliches Naturbild verkörpert; auch dann noch, als er dem realen *Theater* den Rücken gewandt hatte. Mit Recht nannten ihn die Wissenden in Weimar kurzweg „den Meister". Neben ihm war Schiller als sein grössester Arbeiter gestanden, Arbeiter an demselben Werke, dessen Idee in Goethe Natur war, woraus im glücklichen Augenblicke, wie aus einem unerschöpflichen Sein, überall hin befruchtende Wirkung sich ergiessen mochte. Man muss Goethe's Natur verstehen, um· Schiller's Arbeit würdigen zu können. Schiller, als der immer angestrengt Schaffende, aus dem Schaffen zum Sein Emporstrebende, hatte daher in seinem hochfliegenden Idealismus doch „das bretterne Gerüste nicht verschmäht", sondern sich immer noch in einigermaassen möglichen Beziehungen zu erhalten gesucht zu den Mitteln der realen Bühne. Nach der Aufführung der „Braut von Messina" sagte er: „Ich bin ziemlich gewiss, dass ich künftig viel bestimmter und zweckmässiger für das Theater schreiben werde;" und etwa zur selben Zeit: „Noch hoffe ich in meinem poetischen Streben keinen Rückschritt gethan zu haben; einen Seitenschritt vielleicht, indem es mir begegnet sein kann, den materiellen Forderungen der Welt und der Zeit etwas eingeräumt zu haben. Der dramatische Dichter kommt wider Willen mit der Masse in vielseitige Berührung, bei der man nicht immer rein bleibt; und so kann es vielleicht geschehen, dass ich, indem ich die deutschen Bühnen mit dem Geräusch meiner Stücke erfüllte, auch von den deutschen Bühnen etwas angenommen habe." So sprach der bescheidene Sinn des Suchenden aus ihm, der doch ein ander Mal auch das kühne Wort des Wissenden und Wollenden sich gestatten durfte: „Was die Kunst noch nicht hat, das soll sie erwerben." Hierin haben wir den ganzen Schiller, den theatralischen „Realisten", den stäts neu probirenden „Realisator" der Idealisirung des Theaters. Auch über dieses höchste realistische Wollen des wissenden Künstlers ging aber Goethe in seiner idealistisch freien Meister-Natur hinweg. Gänzlich vom Theater zurückgezogen, fasste er noch im späten Greisenalter alle Elemente der von ihm künstlerisch genial verwandten und ausgebildeten Style in ein gewaltiges und durchaus poetisch freies Weltbild zusammen. Da war ihm die Form nicht mehr das nach Aussen hin klassisch Gesollte; sie war der überreiche Ausdruck der inneren künstlerischen Muss. Neben dem derben Volkstone des Hans Sachs und dem abgemessenen Alexandriner

ironisch eingeflochtener Haupt- und Staatsaktion: die plastisch-monumentale
Schönheit griechischer Tragödie und das charaktervolle und witzige Leben
des Shakespeare-Theaters, die blühendste deutsche Lyrik und selbst die
symbolische Vorahnung musikalischen Dramas — alles diess vereinigte der
ernst sinnende Geist des greisen Dichters in seiner allumfassend schöpferischen Phantasie zur Vollendung seines Lebenswerkes, des „Faust", als der
reichsten poetischen Gabe für die Höchstgebildeten seiner Nation, aber nicht
mehr für ein wirkliches Theater seines Volkes. Das war das krönende Ende
der klassischen Arbeit, welche ein Kampf war auf Tod und Leben. Was
für ein Leben erwuchs daraus, nachdem der Tod den letzten Sieg über die
gewaltigste Persönlichkeit erfochten hatte? —

Es ist wohl ein, im Grunde selber stylloses, Vergnügen an den zahl-
reichen theatralischen Effekten jener dichterisch vereinigten Stylmanigfaltig-
keit, welches heutzutage auch den so lange für „todt" erklärten Faust zum
„Leben" auf die moderne Bühne bringt. Diese könnte sich dadurch nur
eben in poetischer Hinsicht, nicht aber in Hinsicht des Styles, über sich
selbst erheben. Vielmehr wird der dort herrschende Mangel an Styl dadurch nur auf das Glänzendste bestätigt. Dass man das „Experiment"
wagte, soll nicht getadelt werden, was man damit aber gewagt hatte, dessen
war man sich wohl kaum bewusst. Scheint es doch, dass man nur dann
es wagen konnte, diesen Faust auf die Scene zu bringen, wenn man dabei
nichts weiter zu wagen fand, als die Ueberwindung grosser scenischer
Schwierigkeiten. Diese aber müssen der fortgeschrittenen Technik der Zeit
vortrefflich gelingen mit Hilfe einer unverzagten Beschneidung gerade desjenigen Theiles der ganzen Sache, welche dieses theatralische Wagniss allein
künstlerisch zu adeln vermochte: der Goethe'schen Poesie.

Das kuriose Resultat solches Wagnisses mag uns nun heut zu Tag
ganz besonders merkwürdig erscheinen. Recht ernstlich betrachtet aber
haftet derselbe Charakter des Wagnisses an einer jeden theatralischen
Verwirklichung unserer grossen klassischen Werke auf jener modernen
Schaubühne, für welche der Eine der einzig berufenen genialen deutschen
Männer in drängenden Zweifeln sich bis zu Tode gearbeitet, von welcher
der Andere, der letzte Klassiker, verzweifelnd sich abgewandt hatte, „fern
und so weiter fern" zur freien That unsterblicher Poesie. Dass aber hierauf nicht im Geringsten geachtet wird unter der staubigen Konvention
des „klassischen Repertoires" unserer stehenden Bühnen, das ist gewiss
charakteristisch für die Stellung des modernen Theaters zu einer idealen
deutschen Kunst. „Organisch gewachsen" erscheint danach weder das Eine
noch das Andere im deutschen Volke. Die klassische Arbeit hatte
diese Kunst durch ihre Meister für jenes Theater gethan; mit dem klassischen Erbe jener Kunst wusste dieses Theater nichts anzufangen. Die
Schlange, welche den Meistern in die Ferse gestochen, sie biss sich nun

selbst in den Schwanz: der alte Realismus kehrte zurück als Sieger über
jeden Versuch zur Idealisirung des Theaters.

Wäre nun etwa der Realismus gerade *das Deutsche?* — Im besten
Falle wohl deutsch; doch das Deutsche — ohne die deutsche Musik.
Wo sie erklang, in Beethoven's Symphonie, in Weber's Oper, in Schubert's
Lied, da lebte die Seele der klassischen Arbeit mitten unter uns Realisten
der Zeit, und sie umstrahlte das klassische Erbe auch noch in den Händen
der Todtengräber des klassischen Geistes mit ihrem idealen Heiligenscheine.
Lasst diesen Schein ein Sein gewinnen, die Gestalt eines Kunstwerkes,
an Stelle der Gestalt eines Menschen wie Goethe, — und Schiller's Arbeit
sieht sich vollendet, das fränkische Gespenst weicht einer lebendigen deutschen
Wahrheit:

> „Ein heiliger Bezirk ist nun die Scene;
> verbannt aus ihrem festlichen Gebiet
> sind der Natur nachlässig rohe Töne,
> die Sprache selbst erhebt sich hier zum Lied;
> es ist ein Reich des Wohllauts und der Schöne,
> in edler Ordnung greifet Glied in Glied:
> zum ernsten Tempel füget sich das Ganze,
> und die Bewegung borget Reiz vom Tanze."

Wer wird zu diesem Tanze aufspielen? — Vom Meister zum Meister
führt der Weg durch Misère. Wir müssen ihn weiter wandern „im Vertrauen auf den deutschen Geist."

---

4. Das klassische Erbe.

„Es ist ein grosser Verlust, dass nicht, wie in Paris, eine *Ecole scénique*
unter Goethe's Leitung entstanden ist, die unsere dramatische Kunst auf
fester Bahn erhalten hätte, während jetzt nur in einzelnen grossen Talenten
von Zeit zu Zeit wie in einem neuen Lichtfunken der Pfad der Schönheit
angedeutet wird."

Diesem Ausspruche der Schwägerin Schiller's („Schiller's Leben" S. 284)
tritt ein Satz Goethe's in seiner Abhandlung über „Deutsches Theater" zum
Theile entgegen, worin er sich über diese „merkwürdige und gewissermaassen seltsame Anstalt" äussert: „Wenn man sich in den letzten Zeiten
fast einstimmig beklagt und eingesteht, dass es kein deutsches Theater
gebe, worin wir keineswegs mit einstimmen, so könnte man auf eine weniger
paradoxe Weise aus dem, was bisher vorgegangen, mit grösster Wahrscheinlichkeit darthun, dass es gar kein deutsches Theater geben
werde, noch geben könne."

Solcher Zwiespalt von „Paradoxen", aus der Zeit, ja, aus dem Munde
der Klassiker selbst, dürfte zu einer Schlichtung gelangen, wenn es uns
bei unserer Betrachtung der Idealisirung des Theaters glücken möchte,

einerseits der von den Klassikern angestrebten „Idealisirung" ein eigenes, neues Feld zu freier Blüthe aufzuweisen, andererseits aber auch demjenigen „Theater," auf welchem allein die Klassiker mit ihrer Arbeit als auf einem dafür unergiebigen Boden gestanden waren, eine ebenso i h m eigene Zukunft zu ersehen. Es wäre aber diess die Zukunft der eigentlichen S c h a u s p i e l k u n s t, des rezitirten Drama's. —

Wohl hatte Wagner Recht, wenn er von einem „A n h a u c h e des Ideales" sprach, welcher die deutschen Schauspieler unter den Klassikern ausgezeichnet, und „zu begeisternd sympathischen Erfolgen befähigt" habe. Wie bald aber musste dieser „Anhauch" wieder verfliegen, da alle Verhältnisse der Kunst und der Zeit sich verbanden zur Unterdrückung eines vollen, schwerwiegenden Bewusstseins, und zur Verwirrung eines klaren, scharf sichtenden Verständnisses, von der Grösse und der Bedeutung jenes Wagnisses: das k l a s s i s c h e E r b e d e s d e u t s c h e n G e n i u s a u f d e r B ü h n e a n z u t r e t e n u n d s e i n e d r a m a t i s c h e L e b e n s a r b e i t, d i e I d e a l i s i r u n g d e s T h e a t e r s, s e l b s t t h ä t i g d u r c h z u f ü h r e n.

Noch bei Goethe's Lebzeiten, im Jahre 1827, klagte L u d w i g T i e c k (Kritische Schriften IV. S. 217): „Wo ist eine Spur des deutschen Theaters von 1760, oder 80, 90, 1804 u. s. w.?" und er fuhr fort: „Ist der Deutsche nur Deutscher, weil er kein Vaterland hat, Alles anerkennt, nichts durchdringt, jedes Neue versucht, mit eiligem Enthusiasmus lobt und nachahmt, um es nach zehn Jahren zu vergessen, und noch früher verschmähend mit Füssen zu treten? Ich will es nicht glauben, weil diese Universalität, mag man sie preisen, wie man will, den Deutschen erniedrigt. Dass aber unser Theater sich so gezeigt hat, scheint mir ziemlich erwiesen. Können wir nicht Shakespeare zum Grundstein unserer Bühne brauchen, Goethe, Schroeder, Schiller, manche von den Tadelnswürdigen hinzufügend, Engländer, Italiäner, Franzosen und Spanier, aber mit Auswahl und besonnener Kritik, nutzen, so wird die Verirrung immer wilder und in schnelleren Verhältnissen sich steigern, und Jedermann wird einsehen, dass wir Deutschen, mag unsere Litteratur auch merkwürdig sein, doch keines eigentlichen Theaters bedürfen." —

Schon in diesen Worten Tieck's birgt sich eine Hindeutung auf die eigentliche Ursache der Verirrung. Das deutsche Theater trug in und nach der Arbeitszeit der Klassiker durchaus den Charakter des E x p e r i m e n t e s. Jeder einzelne Theil des grossen Versuches, das I d e a l e auf der Bühne als S t y l zu fixiren, jedes einzelne klassische Dichterwerk für sich betrachtet, bedeutete für eine stylistisch entsprechende Darstellung wieder ein neues Experiment. Es war gewiss nichts weniger, als eine nur einfach wie jede andere konventionell abzuspielende „Bereicherung des Repertoires." Sobald aber das Theater durch den künstlerisch edelen Einfluss der Klassiker sich die gesellschaftliche Würde wiedergewonnen hatte und ein Faktor der modernen „Bildung" geworden war, so war auch die

Bereicherung des Repertoires, welches einer solchen Bildungsstätte nach allen Richtungen entsprechen sollte, eines der ersten Gebote für diese neue künstlerische Thätigkeit geworden. Darunter litten, wie wir sahen, schon die Klassiker selbst, als sie ihr Publikum und ihre Schauspieler an immer neue Aufgaben einer idealistischen, oder auch nur im edleren Sinne formalen Kunst zum Verständnisse des idealen Styles zu erziehen suchten, den sie dem deutschen Theater so gern als eigenste Lebensform eingeprägt hätten. Das Theater, da es nun einmal nicht organisch gewachsen war, sollte zum Mindesten künstlerisch „gebildet" werden. Aber — dieses Wort bekam nur zu bald, als die grossen Bildner, die Erfinder neuer Formen, dahin gegangen waren, jenen fatalen Beigeschmack einer nur formellen Konvention, wonach an die Stelle eines Styles wieder eine Modesache mit allem ihr anhaftenden bunten Wechsel trat.

Indem die Romantiker den Kreis der litterarischen Bildung noch erweiterten und den phantastischen Sinn für das Spiel der Formen geistvoll anregten, wuchs auch der Umfang des theatralischen Repertoires, das die Klassiker schon so bedeutend aus Griechenland, Italien, Frankreich, Spanien, England und Deutschland her bereichert hatten. Mit der Romantik zog das stolze Spanien klingend in das erste Treffen vor. „Bald war, ohne nähere Kritik, Calderon der Lieblingsdichter unserer Nation geworden," sagt der kritische Führer der Romantiker, Tieck selbst, und fährt fort: „Man vergass auf lange, was man vor Kurzem noch an Deutschen wie Engländern bewundert hatte, und so ungleich beide Dichter auch sein mögen, hielt man Calderon und Shakespeare doch wohl für Zwillingsbrüder." „Selbst Goethe, ja sogar Schiller traten in jener Zeit der Trunkenen in einen dunkeln Hintergrund zurück." „Wo blieb das Deutsche, Vaterländische, Eigenthümliche? Jene so weit getriebene Verehrung des Lessing, das Verständniss unseres Goethe, ja, nur eine wahre, ungelogene Verehrung unseres Schiller? Denn Treulosigkeit, Vergesslichkeit, das Segeln mit jedem Winde, kann doch unmöglich Vielseitigkeit ersetzen sollen!" — Und wie die litterarischen Moden wechselten, und von jeder Mode ein und der andere Fetzen immer wieder als öffentliche Bildungsquittung an den Coulissen des Theaters hangen blieb, so war bald kein Gebiet irgend eines nationalen Dramas mehr davon ausgeschlossen, aus Litteratur zum Theaterexperiment zu werden. Die deutsche „Vielseitigkeit" ward kosmopolitischer „Wirrwarr". Die Goethe'sche „Welt-Litteratur" erschien in der ironischen Phantasiemaske einer romantischen Theaterprinzessin, bis sie mit dem zunehmenden Alter auch noch die romantische Wangenröthe verlor und die deutsche Ironie in undeutschen Witz verkehrte. Jedermann, welcher etwas Besonderes für das Theater thun wollte, „bereicherte" derart das Repertoire mit neuen Elementen aus dem Formenschatze der litterarischen Bildung, ohne dass doch eigentlich für irgend eines dieser Experimente dem deutschen Schauspieler die Tradition eines bestimmten Styles, also für das reiche

Material zum Komödiespielen die wahre Form des Kunstwerks gegeben war. Um so leichter konnte dicht hinter jedem idealen Aufschwunge irgend ein geschickter Kotzebue des Tages, welcher den Schauspielern „die Rollen auf den Leib schrieb", vor den beirrten Augen des grossen Publikums aus dem dramatischen Allerweltstopf den brausenden Abschaum des theatralischen Erfolges sich gewinnen.

Bei alledem nahm die Neigung des Publikums für das Theater immer mehr zu, je tiefer andererseits das politische Leben darnieder lag. War das deutsche Theater einmal so anständig geworden, dass der deutsche Fürst es in seine Obhut nahm, wohl hätte nun gerade Das, worauf jener Anstand beruhte, das klassische Erbe würdig zu verwalten, zu einer vorzüglichen nationalen Ehrensache des fürstlichen Protektorates werden sollen. Nur hätte dazu noch das Andere gehört: dass die nationale Sache selbst als eine fürstliche Ehrensache betrachtet worden wäre. Wo aber das nationale Leben keinen Organismus bildete, in welchem das Ideal des deutschen Geistes eine einigermaassen lebensfähige Verkörperung gewonnen hätte, wie konnte dort eine organische Verkörperung des Ideales auf dem Gebiete der öffentlichen Kunst ermöglicht werden? — Es wäre denn, die Kunst selbst hätte sich bereits ihr eigenes ideales Gebiet und ihre „lebendige Mauer" gegenüber der Welt, welche nicht „Idealwelt" ist, siegreich gewonnen.

Wir haben es gesehen, wie die genialen Versuche, „auf der Spur des Griechen und des Briten" dem „höheren Ruhme des deutschen Genius nachzuschreiten", es noch nicht vermocht hatten, die künstlerische Verschmelzung der Shakespeare'schen Wahrhaftigkeit und der hellenischen Schönheit zum deutschen dramatischen Idealstyle durchzuführen, und zwar, weil es ihnen an dem gleicherweise natürlich- und ideal-wahrhaftigen Bindungsmittel für solchen kühnen Hochbau gebrach. Denen aber, welche in jene grosse klassische Arbeit für Theater und Drama zunächst miteingetreten waren, gebrach es leider an mehr noch als an diesem Mittel, — nämlich an den Mitteln in jeglicher Beziehung. Der Einzige, welcher jenes Mittels gar nicht bedurft hätte, weil er allein die Mittel besass, um eine andere, als die klassische Aufgabe, zum Heile der deutschen Schauspielbühne zu lösen — Heinrich von Kleist lag erschossen, ehe die Nation bei dem neuen Lichte des klassischen Genius sich auf sich selbst zu besinnen gelernt hatte. Die Nation hatte den märkischen Dichter im Sande des Zeitenelendes nach dem Heile verdursten lassen; Goethe selber, der grosse Bühnen-Idealisator, der den „andern" Genius in ihm nicht verstehen konnte, weil er selber so ganz und gar der Eine war, hatte ihn dem Misserfolge preisgegeben, und Iffland, der ausgezeichnete Bühnentechniker, hatte ihn kalt von der Pforte des preussischen Nationaltheaters zurückgewiesen. Seine Erscheinung schwindet dahin unter den blutigen Schrecken des Franzosenkrieges, gleich wie einst vor zweihundert Jahren Shakespeare's

Geist flüchtig über die deutsche Bühne geschritten war, als des dreissigjährigen Krieges wilde Komödianten schon mit ihrem allvernichtenden
Trauerspiele schreiend und tosend herangezogen kamen. Shakespeare kehrte
wieder, an der Hand der Klassizität; sollte Kleist einmal wiederkehren an
der Hand der neuen Meisterkunst, welche die klassische Arbeit zu vollenden bestimmt war? —

Iffland, der nächstberufene Mitarbeiter, dieser erste, dem Schau-
spielerstande selbst angehörige, bürgerliche Direktor eines modernen Hof-
und Nationaltheaters, konnte keinen Schritt weiter thun auf dem Wege,
auf welchem er als Darsteller der klassischen Rollen den grossen Dichtern
wie ein warmherzig begeisterter Herold vorauszuschreiten berufen schien.
In der Sorge für die Rührung des Berliner Philisters entnahm er selbst
als moderner Theaterdichter dem hohen Gedanken Schiller's von der
„moralischen Anstalt" nur erst die banale Aufgabe schauspielerischer
Virtuosität zur sittlichen Genugthuung des bürgerlichen Selbstbewusstseins.
Was aber konnten gar jene poetischen Wettermacher mit dem klassischen
Erbe beginnen, welche über die noch ganz ungelösten Experimente der
grossen klassischen Tragödie alsbald den dramatischen Niederschlag einer
nach populären Wirkungen sehnsüchtigen Romantik in wüsten „Schicksals-
tragödien" ausschütteten? Sie besorgten die „Schule" der „Braut von
Messina" auf ihre Weise dergestalt, dass sie dem deutschen Geiste den
ästhetischen Geschmack und das Stylbewusstsein nur noch ärger verwirrten,
indem sie die aus dem hellenischen Gesammtkunstwerke herausgerissene
Seele, die antike Schicksalsmacht, auf die kleinen blanken Spitzen spanischer
Trochäen gespiesst, dem Theaterpublikum als neueste sinnlich aufregende
„Repertoire-Bereicherung" darboten. „Möchte man nicht glauben", meinte
L. Tieck, „diese Spektakel seien für ein Nationaltheater der Karaiben, oder
von Leibeigenen selbst im wildesten Hass gegen ihre Herren gedichtet
worden?" Bei solchen Mit- und Nach-Arbeitern war also das klassische
Erbe, noch zu den langen Lebzeiten des letzten Olympiers, „acherontisch"
genug berathen! Ja, ein Mann wie Raupach, „ein Fortsinger der Un-
melodie" (Tieck), ob er gleich mit den poetischen „Leibeigenen" zuerst in die
Schranken trat, er erschien endlich noch als der rechte Vormund und Zins-
verwalter der armen Waise, — der da frei von jeder Aspiration einer über-
fliegenden Genialität einfach ein gutes Theater-Rezept aus dem künstlerischen Nothstande der Klassiker sich gewann, indem auch er nun der deutschen Bühne Stück auf Stück schrieb, nur nicht mit dem Herzblute des
erhabenen Idealismus, sondern in einem gewissen talentvollen Behagen, auf
der Bühne, so wie sie war und ist, ein Thun und Reden gäng und gebe zu
erhalten, das sich, gleich weit entfernt vom dürren Realismus wie von der
üppigen Romantik, des schon halbtodten klassischen Musters noch als einen
Manier und eines Jargons zur Hebung des gemeinen Theater-Amüsements
bediente. Dass er dabei zu Zeiten den Stoff der nationalen Geschichte ent-

nahm, soll ihm dankbar gedacht werden; er ging damit zwar nicht weiter auf der himmelan steigenden Strasse des deutschen Genius, aber er wies von seiner behaglichen theatralischen Rast-Stätte, seitab am Wege der Allgemeinheit, mit einem biedern Bauernwinke nach der Richtung hin, wo für ein deutsches Schauspiel seit dem Tode des Dichters des „Prinzen von Homburg" noch etwas zu finden sein würde, wenn es nur erst wüsste, was es sollte, und wieder könnte, was es wollte! — Wie aber die Sachen indessen sich immer tiefer in die vergnügliche Gewohnheit des Theater-Abends und Abonnentenplaisirs hinein fortwälzte, da hätte auch alle „lächelnde Medizäergüte" nicht mehr dazu helfen können, aus den theatralischen Modekünsten des Jahrhunderts das grosse Vereinigungswerk, dem die klassische Arbeit gegolten hatte, als monumentalen Styl des deutschen Drama's der Zukunft herzustellen. Das Schicksal des deutschen Theaters, soweit das rezitirte Schauspiel, diese Wiege der klassischen Arbeit, es zu bestimmen vermochte, war bereits entschieden. Was bestenfalls als eine würdige Stätte zur Bildung idealistischer Gesinnung, künstlerischen Geschmackes und deutschen Geistes weiter zu pflegen gewesen wäre, das zeigte sich nun mehr und mehr nur als Spielplatz aller erdenklichen theatralischen Möglichkeiten, wie sie schon von den ersten Kotzebue'schen Effektstreichen an im Laufe der Zeiten durch Mode und Spekulation unhemmbar herangeschwemmt wurden, — weil in dem klassischen Erbe eben jene antikosmische Mauer noch fehlte, um dem Idealismus sein eigenes Gebiet vor jedem Ansturm von aussen zu sichern.

Um eine solche Mauer zu errichten, dazu genügten nicht die beiden unsterblichen Hilfskräfte der klassischen Arbeit, die in der „Helena" und dem „Faust" allegorisch verkörpert erscheinen. Ein Anderes hätte dazu noch gehört: jenes geheimnissvolle Dritte, das einstens als ein Dionysisches Element auch mitgeboren war, unter dem schirmenden Dache der christlichen Kirche, in der blutigen Wende der Zeiten. Und in der That, mit tief leidenschaftlicher Gewalt und grimmem deutschen Ernste brannte es ja schon wie ein heimlich wachsendes revolutionäres Feuer ganz dicht bei jenem ausgelassenen *Wiener Kongresse*, wo etwa zu derselben Zeit, da die Klassiker das deutsche Theater verlassen hatten, die glücklich gerettete deutsche Fürstenmacht soeben die politische Wiederherstellung der Ordnung in Europa besorgte. Ein gar stylloses Stück, das nicht auf dem deutschen Nationaltheater spielte, aber manche interessante Modetoiletten zeigte, vor deren Anblicke einer von Freiheit und Frömmigkeit singenden deutschen Volksseele wohl der Athem vergehen mochte! Aber — ein hoher europäischer Adel machte damals einem celebren Wiener Komponisten seine Höflichkeitsvisite, und der celebre Komponist komponirte ihm dafür eine tüchtige *Cantate* über den „glorreichen Augenblick". Dann gingen die Herren von ihm hinweg und lachten den hellen Tag an, und der Meister blieb zurück in der Einsamkeit und lachte sich auch Eins, aber tief in sich hin-

ein; und es ist ein Anderes um das Lachen der Welt, und ein Anderes um
das Lachen des Helden. In den hohen gesellschaftlichen Sphären herrschte
das unbändige Vergnügen der Restauration. Man wollte sich endlich
wieder in Ruhe und Frieden seines gesicherten Lebens erfreuen; oder wenn
nach und nach dem Frieden von unten herauf doch beängstigende Störungen
erwachsen wollten, so wünschte man sich nur um so mehr eine angenehme
Zerstreuung der Sorgen, welche am Bequemsten und Anständigsten jetzt
das so bequem und anständig gewordene heimische Hoftheater darbot; und
gewiss sah man es durchaus nicht ungern, wenn die Theatergeschichten,
die Schauspieleraffairen, die Sängerkabalen und die Mododisputs über die
neueste „Oper" recht in den Mittelpunkt der grossstädtischen Interessen
traten. Jener wunderliche einsame Zaubermeister aber, inmitten der singenden und tanzenden Grossstadtwelt, der hatte längst genug von der berüch-
tigten Wiener Opernfidelität. Fort wandte er sich von der Maskenkomödie
des restaurirten Kosmos, und pflanzte in der Stille dem deutschen Geiste
zwei rechte und hohe Freiheitsbäume, die grosse Messe und die letzte Symphonie, mit den jauchzenden Grüssen des unsterblichen Genius der Menschheit: Friede! — Freude! — In dieser Sprache waren sie Wahrheit und bedeuteten eine neue, ideale Welt. Der alte Kosmos aber schüt-
telte den frischbezopften Kopf dazu und meinte, das sei styllos, und
Rossini — die *Crème* der Musik. —

    Ach, und wo war in diesem alten Kosmos die immer junge Jugend
geblieben? Die Jugend, welche einst so hoffnungs- und verheissungsvoll
den Idealen Goethe's und Schiller's zugejubelt, ja, der das Wunderbare
vorgeschwebt hatte, als könnte der Begriff eines idealen Styles wohl auch
einmal auf die realen Verhältnisse ihres Vaterlandes einige Anwendung
finden? Die Jugend, der das Wort gesungen war:

> „Froh, wie seine Sonnen fliegen
> durch des Himmels prächt'gen Plan,
> wandelt, Brüder, eure Bahn,
> freudig, wie ein Held zum Siegen!"?

Diese Jugend hatte man revolutionärer Umtriebe halber auf die Festungen
geschickt. Unausgeführt lag das klassische Erbe — stumm die Messe und
die Symphonie — in das Grab sanken fern von einander Beethoven und
Goethe: aus dem Schrecken der Verfolgung und dem Vergnügen der Restauration hatte sich ein fremdartiger, halb dumpf niedergedrückter, halb in
lässiger Weise am Nichtigen, Nüchternen und Flüchtigen sich amüsirender
Geist erhoben, — der miethete sich Logen im Deutschen Theater.

    Hatten die Gebildeten gelernt sich für das „Theater" zu „interessiren",
so ward der Masse dieses Interesse zum Amüsement; und wenn nun die
ganze Fülle der klassischen und nachklassischen Repertoirebereicherung in
dieser allgemeinen Vergnügungsstätte der Gesellschaft zusammenströmte, so
machte sie dem grossen Publikum das bald zur unentbehrlichen Modesache

gewordene abendliche Amüsement wiederum auf seine Weise „interessant". Wie die Repertoirestücke und die Theaterfreunde, so fanden dort auch unzählige schwanke Existenzen, welche jetzt den Broterwerb durch die Kunst für ebenso anständig wie bequem halten durften, eine höchst willkommene Sammelstätte, und verlangten als berechtigte Mitarbeiter am gebildeten „Vergnügen der Einwohner" Deutschlands immer mehr Bühnen, welche nicht nur das Publikum, sondern vor Allem auch die *Künstler* „unterhalten" sollten. Mit dem Zunehmen der demokratischen Bewegung, welche schliesslich bis zur totalen Demokratisirung auch der Kunst unter dem Gesetze der „Gewerbefreiheit" führen sollte, wuchsen neben den Hoftheatern immer mehr städtische und private Unternehmungen auf, die den Charakter des theatralischen Amüsements auf das Drastischeste verstärkten, — bis zuletzt unter der Herrschaft eines internationalen Kapitalismus die dramatische Kunst, nebst so manchem Anderen, eine geschäftliche Gründung auf Aktien ward, welche bisweilen sogar höchst „noble", d. h. kostspielige, jedenfalls aber ganz undeutsche Allüren anzunehmen wusste. Da zugleich nach den Freiheitskriegen auch das Regiment des französischen Geschmacks und Esprits sich wieder „restaurirt" hatte, — wie es ja auch in den liberalen Neigungen und Regungen des neudeutschen Politikers sich verführerisch geltend machte —, so war es natürlich, dass die Bereicherung des Repertoires auf der deutschen Bühne gleichfalls mehr und mehr französisch, und zwar nicht mehr klassisch-, sondern modern-französisch geartet ward. Bestand doch auch die in dieser neuen Zeit erstrebte „Bildung" längst nicht mehr in jenem klassischen Begriffe einer Bildung des Gemüthes an dem Idealen, sondern bestenfalls in der witzigen Gewandtheit des gesellschaftlichen Tones, welcher allen noch so fremden Moden in gleicher eleganter Weise gerecht zu werden verstehen sollte. Kein Wunder, dass hierbei die gute, derbe, deutsche Natur vielfach in die Brüche gerathen musste; denn ach, auf welchem brüchigen Boden hatte sie sich zu bewegen! War doch bei der armseligen Nachahmung des französischen Esprits in der deutschen Lustspiel-Dichtung öfters schon nicht viel Anderes herausgekommen, als eine Art lackirter Rüpelkomödie. Um wie viel mehr aber musste diess der Fall sein, wenn schon die französischen Originale auf ihre Weise in das Niedrig-Komische oder Frivole hinüberspielten. Mit solcher Waare sah Ludwig Tieck vor mehr als 50 Jahren unsere Bühnen überschwemmt, als er schrieb: „Es sollten sich Alle, denen noch an einem guten Schauspiele liegt, wenigstens darüber das Wort geben, von den neuesten französischen theatralischen Produkten so wenig Notiz als möglich zu nehmen oder, um nicht in der Wahl zu irren, sie auf einige Jahre gänzlich von der Darstellung auszuschliessen. Sieht man die Repertoire's durch, so trifft man fast nur auf diese Armseligkeiten, und wie sehr sie unserer schon kranken Bühne geschadet haben, und noch zu schaden fortfahren, ist von Kennern längst eingesehen und auch schon ausgesprochen worden." „Keinem Pariser wird es einfallen,

diese witzigen oder groben Spässe mit den Stücken auf dem Théâtre français
zu vergleichen; aber wir Deutsche sind gut genug, um uns Alles in schlechten
Uebersetzungen vorspielen zu lassen, ohne dass uns die Armuth durch
Lokalbeziehungen und durch witzige Anspielungen gewürzt würde, und
ohne diesen Produkten in einem besseren Theater ausweichen zu können."
„Die Schauspieler verlieren durch diese gehaltlosen Spässe ihre Sicherheit
immer mehr, und das Publikum entwöhnt sich völlig, einem grösseren,
kunstreicheren Werke mit der nöthigen Aufmerksamkeit zu folgen."
Der Idealismus hingegen, welchen die Klassiker als ihr Erbe der Nation
hinterlassen hatten, ohne Schule und lebensvoll ausgebildete Tradition, der
weiteren Anregungen entbehrend, ja nicht einmal gesichert an einer abge-
sonderten Stätte durch eine „antikosmische" Mauer: so war er gar bald
schon in jenes nichtssagende hohle Pathos entartet, von dem derselbe
Tieck bereits 1825 sagen konnte: „Ohne Noth hat sich seit 20 Jahren
ohngefähr ein hohler langsamer Ton auf unsere Bühne verpflanzt, den die
Lehrer in den Kirchen mit so vieler Einsicht grossentheils aufgegeben
haben." Das Ideal schwebte nicht als eine hohe segenwirkende Wahrheit
in feierlich entrückter Ferne vor dem sehnsüchtigen und verständnissvollen
Blicke einer gläubigen Wirklichkeit. Sein maskirtes Scheingebilde ging
steif auf gebrechlichen Stelzen durch den bunten und oft bedrohlichen Wirrwarr der Gegenwarts-Interessen, mit dem althergebrachten Anspruche,
anstandshalber, in diese Interessen noch mit eingezählt zu werden, was
doch im Grunde eine grosse Unwahrheit war. Dagegen drang, als die
vollblütige Wahrheit des Tages, auf der modernen Bühne der kaum verbannte
Realismus wiederum siegreich durch. Mit dessen nicht mehr besonders
künstlich zu erwerbenden, ungeschulten Mitteln konnte nun leicht Jedermann aus der Menge des reichlich zuströmenden lebendigen Materiales sich
berechtigt fühlen, an dem theatralischen Kunstleben der Gegenwart thätigen
Antheil zu nehmen; während er den besseren Talenten die schönste Gelegenheit darbot, die beliebte Naturwahrheit bis zur bewunderten
naturalistischen *Virtuosität* in irgend einer theatralisch-modischen „Spezialität"
auszubilden. Nur war es das Argo, dass die Naturwahrheit dieser Zeit
weder mehr Natur noch Wahrheit war, vielmehr selbst ein mehr oder minder
französirtes Modegewirk, eine *Toilette*, welche aber eben konventionelle
Geltung hatte. So war denn an Stelle des, als Aufgabe der Bühne ganz
vergessenen oder missverstandenen, deutschen Styles in der That die
undeutsche Mode zur rechten regierenden Theaterprinzessin erhoben worden.
Wer in ein solches modernes Theater hineintritt, wer ein modernes
„Wochenrepertoire" überfliegt, dem sagt es mit unverhohlener Selbsterkenntniss: „Ich kann auch anders." Da wird an einem Abende spanisch, an
einem anderen französisch, an einem dritten altgriechisch oder altindisch,
und zwischendurch auch „deutsch", d. h. entweder gehörig bearbeiteter
Shakespeare, oder neustes norwegisches Sittenbild, oder „deutsche Klassiker",

oder endlich die vorher genugsam deutlich bezeichnete moderne Komödie gespielt, so weit alles diess dem nun allein noch den Ton angebenden Geschmacke und Unterhaltungsbedürfnisse des zahlenden Abonnenten-Publikums entsprechen mag. Das Berliner Hoftheater z. B. beschloss das Jahr 1883 in der kgl. Oper durch Mehul's „Joseph in Aegypten" — mit der Ballet-Zugabe von „Thea oder die Blumenfee" — im kgl. Schauspielhause durch Goethe's „Palaeophron und Neoterpe" — mit der Possen-Zugabe des „Winkelschreiber" von Winterfeldt! — Wo bleibt dem gegenüber das Ideal unserer Klassiker? Wo die Idealisirung des Theaters? Wo der Styl — an Stelle der Mode? — Da ist nichts mehr als Mode an Stelle des Styls! Denn jenes wunderliche Vermögen, welches solch ein fortwährendes Anderskönnen immer in gleicher Weise, nämlich als ein eigentlich „gar nichts recht Können", nunmehr so zweckentsprechend leistet: es ist schliesslich auch wieder nur derselbe Geist des „immer auch anders Können's", der Modegeist, welcher als „moderner" Geist an Stelle jenes „idealen Anhauchs" der klassischen Zeit den theatralischen Fortschritt des Jahrhunderts repräsentirt. Mit seiner Hilfe war aus dem klassischen Erbe von 1808—1883 gerade Das geworden, was das edle Stylgefühl des Dichters der „Braut von Messina" so mühsam hatte verhüten wollen: moderne Komödie. —

5. Moderne Komödie.

Die moderne Romanlektüre hat mit ihrer überallhin verbreiteten Massenhaftigkeit das banale Interesse am Stoff über das feinere Gefühl für die Form auch in den Kreisen der sog. Bildung längst Herr werden lassen. Nicht anders herrscht im deutschen Theater das stoffliche Interesse eines nach Vergnügen und Erholung verlangenden Publikums derart vor, dass es mit den darauf eingerichteten stehenden Amüsements-Programmen unserer zahllosen Theatergesellschaften auch schon in jeden kleinen und fernen deutschen Winkel verzehrend eindringt. Dort, wo vielleicht noch ein reinerer Sinn für künstlerische Genüsse oder ein natürlicherer Ausdruck theatralischer Neigungen anzuregen und zu pflegen gewesen wäre, wird nun dieselbe unruhige Gier nach wechselnder Unterhaltung durch fremdartige Vergnügungsmoden hineingetragen, wie sie bei einer abgehetzten, mit Tagesarbeit überhäuften, von tausenderlei Interessen bewegten, kosmopolitisch gemischten Grossstadt-Bevölkerung ganz wohl erklärlich ist. Als das Ideal dieses modernen Schauspiels gälte demnach ein möglichst virtuos bis zum Naturalismus ausgebildeter Realismus, zur persönlich konzentrirten Befriedigung eines immer neu gereizten Interesses für wechselnd unterhaltenden Stoff. Dem gegenüber soll die daneben noch üppiger entwickelte moderne Oper den immer regen Ansprüchen der Sinnlichkeit Genüge leisten, wobei sie von dem ihr aggregirten Ballet nach Leibeskräften unterstützt wird.

Die „Oper" — immer als Kunst-Form für sich betrachtet, und abgesehen von den, innerhalb dieser Form, Ton gewordenen Meister-Seelen — die Oper zeigt uns recht eigentlich, mit ihrer auf Einem Brett konglomerirten Vermischung unausgebildeter Stylverschiedenheiten, die elementare Styllosigkeit des modernen Theaters in voller Glorie. Bei dem raschen Wechsel, dem gerade der spezifisch musikalische Geschmack im Publikum unterworfen zu sein pflegt, und bei dem ebenso sehr von einem bunten Wechsel zehrenden Bedürfnisse der Sinnlichkeit, welches die Oper befriedigen soll, verkörpert diese merkwürdige Kunstgattung auch besonders charakteristisch den Begriff der M o d e. Ursprünglich hervorgegangen aus einem tief empfundenen, aber der lebendigen Quellen noch entbehrenden Stylbedürfnisse hellenistisch sich bildender Aristokraten und gelehrter Kunstfreunde in Italien, hatte sie nur zu bald in jene sinnlich-amüsable Welt der romanischen Modeherrschaft gerathen und das eigentliche Hofvergnügen jenes P a r i s e r Geistes werden müssen, welcher für uns mit Recht den Geist der Mode selbst bedeutet. Wohl ist es aber höchst merkwürdig, wie aus oben diesem ausbündigen Modekunststück auf den Zauberschlag des Genie's zuerst die von den edlen Erfindern ersehnte grosse Gestalt des m u s i - k a l i s c h - d r a m a t i s c h e n S t y l o s hervortreten sollte: anfangs als die ernste Stylisirung der idealen Kunstmittel durch G l u c k, und hernachmals als die schöpferisch-gewaltige Gesammtgestaltung eines deutschen Styles durch W a g n e r. Andererseits ist es auch beachtenswerth, dass auf der heutigen modernen Bühne allein das zu jeder Zeit beliebteste Vergnügen einer blasirten Modewelt, das Ballet, in seiner künstlerischen Isolirung noch am Bestimmtesten einen Begriff davon geben kann, was in einer theatralischen Vorstellung unter S t y l zu verstehen sei. Denn hier haben wir, und zwar aus innerer Nothwendigkeit der Kunstart, die streng eingehaltene Uebereinstimmung zwischen der Handlung auf der Scene und der begleitenden Musik, bei sorgsam beobachteter Harmonie der gesammten Bühnenerscheinungen unter sich und mit der scenisch-dekorativen Umgebung und Ausstattung. So zeigt uns das Ballet: die von dem poetisch-dramatischen Inhalte abgelöste reine theatralische F o r m; dem gegenüber das Schauspiel: die Herrschaft des jedes künstlerischen Styles entäusserten Inhaltes, den reinen theatralischen S t o f f; und dazwischen die Oper als solche, ähnlich der schillernden Gestalt jenes zusammengesetzten Königs in Goethe's Märchen: e i n e n g e h a l t l o s e n I n h a l t i n e i n e r d e f o r m i r t e n F o r m.

Aber dieses selbe Unding hat das eine Thatsächliche vollbracht: es hat diesem ganzen bunten Kunstwesen, diesem wunderlich glitzernden Staubhaufen theatralischer Experimente und Effekte, das entsprechende, allgemeingiltige, und damit allerdings zum rechten „Stylbilde" der ganzen Sache gewordene H a u s, wenn nicht erbaut, so doch eingerichtet und ausgewohnt. Das moderne „Opernhaus" in seiner glänzenden Grösse und raumverschwendenden Ueppigkeit deutet zunächst auf die Fülle und Manigfaltigkeit der Wirkungen, welche in diesem Hause von der Bühne her durch alle mechanistischen, scenischen und theatralischen Künste auf das Publikum ausgeübt werden sollen; alsdann auch: auf die Masse und Vielgestaltigkeit des zu solchem effektvollen Schauspiele sich drängenden Publikums, der auf die architektonisch getrennten Ränge des Hauses „bis zum hohen Gewölbe hinauf" sich vertheilenden und wohl unterschiedenen Stände und Schichten der modernen Gesellschaft. Hier amüsirt sich ein Volk, das kein natürliches Volk ist, an einer Kunst, die keine ideale Kunst ist, und zwar in einer gemeinsamen Sphäre, worin auch die idealsten und herrlichsten Beispiele eines wahrhaften musikalischen Meisterkönnens um ihre höchste künstlerische Würde gebracht werden, wie etwa ein Mozart im Dienste des Salzburger Bischofs. Diess für die Oper so charakteristische Haus hat nun aber auch das moderne Schauspiel in sich aufgenommen, ja geradezu verschlungen, und damit dem sinnvollen Unsinn, den es repräsentirt, recht die Krone aufgesetzt. So sehen wir nun das moderne Schauspiel, dieses realistisch-virtuose Spiel für ein gespannt interessirtes Schauen jedes mimischen Details und Vernehmen jeder spirituellen Wendung des Dialogs, — hineingesteckt in ein grossmächtiges, die Sinne weit ablenkendes Gebäude, dessen überallhin ausgebreitete, lauschende und schauende Besucherschaft weder die Mienen der Schauspieler genau zu beobachten, noch ihre Worte deutlich zu verstehen, noch auch von einiger Entfernung und höheren Rängen aus ein einigermaassen befriedigendes Gesammtbild des scenischen Vorganges, ja nur der Scene als solcher selbst, zu erhalten vermag!

Wenn irgend etwas über einen „Styl" des modernen Schauspiels gesagt werden kann, so ist es diess, dass es, nachdem es mit der Tendenz unserer Klassiker nach einer idealen Bühne gebrochen hat, im Wesentlichen auf den Standpunkt des Shakespeare-Theaters zurückgekehrt ist; nur mit dem Unterschiede, dass die Shakespeare fehlen, welche den herrschenden theatralischen Realismus mit dramatischer Kraft erfüllen, zu poetischer Grösse erheben, in tragische Wahrhaftigkeit vertiefen könnten. Immerhin ist wirklich die Darstellung Shakespeare's noch das verhältnissmässig Beste, was die moderne Schauspielkunst auf dem Gebiete des ernsten Dramas leistet. Was aber hilft uns die beste Leistung in dieser Hinsicht, wenn sie nicht in gleich vollkommener Weise genossen, empfangen werden kann? Im alten englischen Theater sass der Adel noch auf der Bühne selbst, und in gedrängter Nähe das Volk vor dem einfachen Brettergerüst, auf welchem in einer gewissen zauberhaften Vertraulichkeit alle die gewaltigsten Vorgänge der menschlichen Tragödie nach dem phantastischen Schöpferwillen eines verborgenen Meisters wie natürliche Einbildungen des Augenblicks („höchst interessante Märchen, nur von mehren Personen erzählt" — Goethe) sich abspielten. „Jene ältere Sitte, dass die Zuschauer gewissermaassen die Spielenden vom Theater verdrängten" bezeichnet L. Tieck sehr richtig als den „Missbrauch und die Ausrottung der allernatürlichsten Forderung, dass man im Schauplatze wirklich schauen will, und zwar Menschen, und was sie auf dem Gerüste vornehmen, das für sie errichtet ist." (Kritische Schriften, IV. S. 84.) Die moderne Schauspielkunst hat sich in Betreff der realistischen Detailirung ihres Mienen- und Gebärdenspieles bis zur Virtuosität fortentwickelt, und hat gerade dadurch den Bruch mit der idealen Tradition der Klassiker zum entschiedensten Ausdruck gebracht. Im gleichen Maasse hat dann auch der moderne Theaterdichter dem Dialoge nach dem Modemuster des gesellschaftlichen Konversationstones vom französischen Salon-Esprit jene gewandte Fixigkeit und Witzigkeit mitzutheilen gesucht, welchem unsere deutschen Schauspieler allerdings nur etwas mühsam nachkommen können, weil sie eben doch noch immer eine Art von deutscher Sprache sprechen müssen, wenn auch die Sprache der modernen Journalistik, die ja die vorschriftsmässige Gemeindeschule auch für die modernen Dichter geworden ist. Ein Drama also, dessen Charakteristikum eben die Charakteristik ist, das nicht nur als ein traumhaftes Idealbild geschaut, sondern wie eine interessante Historie oder eine witzige Anekdote bis in das Kleinste verfolgt und verständnissvoll durchdrungen sein will, — nun, in diesem auf weite musikalische und scenische Wirkungen berechneten Opernhause verliert es nothwendig die Möglichkeit, sich wirklich, d. h. seiner Eigenart entsprechend, verständlich zu machen. Hörte man auch das Wort, man sähe doch das Auge nicht; und nur zum Theil hilft das „Opernglas" nach, welches, als künstlerischer Vermittler gedacht, allein schon hinreicht, um die wunderliche Stellung des modernen Publikums zur Bühne zu charakterisiren. „Soviel giebt die Erfahrung", sagte Ludwig Tieck schon 1826 („Kritische Schriften, III. Vorrede), dass zu grosse und prächtige Säle, besonders bei der Beleuchtung der Lichter, unser Schauspiel völlig vernichten; wenn man nicht Menschen und Gesichter mehr sieht, die feinen Uebergänge im Gespräch nicht mehr versteht, so kann kein Bemerken des Spieles und kein Vergnügen daran stattfinden. Für die Oper mögen diese grossen Häuser vortheilhaft sein; die Oper verdrängt aber, wo diese Prachtsäle sind, früher als später, das Schauspiel aus dem Hause". — Das Schauspiel, selbst wenn es ihm gelungen wäre, dem idealen Styl der Klassiker, von welchem Tieck allerdings nichts wissen wollte, einigermaassen näher zu kommen, würde immer der geistige Genuss einer kleineren, in edelem Sinne „familiär" vereinigten Gesellschaft geblieben sein, oder ganz nüchtern und modern gesprochen: es versammelt sich da ein Kreis von Abonnenten auf eine bestimmte geistige Abendunterhaltung; während in der Oper, als in einem öffentlichen Luxus-Lokale, die Grossstadt selbst mit all ihrem reichlichen Fremdenzufluss aus aller Herren Ländern modemässig im Galakostüme zu einem brillanten Generalamüsement, mit Beschaulichkeit auf Gegenseitigkeit, reiz- und spreizlustig bunt zusammenläuft.

Freilich gab es ja auch das Volksschauspiel auf seinen weiten Plätzen und in seinen hallenden Bretterbuden, zur allgemeinen Theilnahme für ganze Stadtbevölkerungen, Dorfgemeinden und Landschaften. Wer aber einmal ein solches, bis jetzt erhaltenes, oder neu in's Leben gerufenes, Volksschauspiel gesehen hat, das sich über die engeren Gränzen eines gesellschaftlichen Vergnügens etwa eines einzelnen Dorfes, oder einer Gilde und Zunft, zu einer gewissen gross gedachten Volksfestlichkeit erweitert zeigt: der weiss es auch, dass in einem solchen Spiele gar nicht mehr das Wort wirkt, und dass auch das der modernen Komödie so wichtige Mienenspiel, also für das Publikum das Opernglas, dort in Wegfall kommt. Diess wird durch zwei Umstände vollkommen entschuldigt und zu Recht erklärt. Erstens ist der Inhalt solcher Spiele, wie die „Passion", Jedermann im Publikum genau bekannt; man weiss vorher, was die Leute auf der Bühne zu reden haben, man will nur den heiligen Vorgang und die traditionellen Persönlichkeiten einmal leibhaft und selbst handelnd vor Augen sehen. Andererseits schweigt da durchaus jedes Bedürfniss nach dem verfeinerten, geistig ausgebildeten Genusse an der künstlerischen Darstellung eines Persönlich-Einzelnen, also etwa gar nach virtuosen Schauspielerleistungen. Man verzichtet — auch als „gebildeter" Zuschauer — von vorn herein auf das Spiel des Individualismus, wie es sich vorzüglich durch das Auge äussert, weil man die grossen allgemein bekannten Scenen der Handlung auch nur in grossen plastischen Gesammtbildern sich vorführen lassen will. Man verlangt gar keine Schauspieler zu sehen, sondern das Schauspiel, nicht eine Kunstleistung sondern die Handlung selbst.

Nicht viel anders ist nun aber die Wirkung, auf welche das moderne Schauspiel im grossen Raume des Opernhauses sich beschränken musste, obwohl es doch mit jenem Volksschauspiele nichts mehr als den fernsten Ursprung gemein hat. So sieht man es denn auch, wie Shakespeare's Drama dort mehr und mehr zum Spektakelstück mit Massenevolutionen wird, und wie man sich bemüht, auch die Werke unserer Klassiker, nachdem die Monumentalisirung ihres geistigen Styles nicht gelungen war, wenigstens darauf hin auszunutzen, dass sie als möglichst monumental sich gebende Austattungs-Grossthaten in würdiger Konkurrenz mit der Oper über die gemeinsame Scene gehen können. Eifrigen Direktoren und Regisseuren solcher Theater bleibt ja schliesslich nichts anderes übrig, als auf diese Weise einen Anschein von „Styl" in die verfahrene Sache des Schauspiels zu bringen, und wenn dieser „Styl" beim Publikum „Mode" wird, so können sie sich wenigsten noch dazu gratuliren.

Andererseits verführt die grössere Weite des Raumes der modernen Häuser die Schauspieler in ihren Reden nicht nur zu einer unnatürlichen Verlangsamung des Sprechens, sondern vornehmlich auch zu einer ebenso unnatürlichen, und obendrein unschönen Erhebung des Tones, welche nichts mehr gemein hat mit jenem idealen Sprechtone, den die

Klassiker anstrebten. Wie bald schon auch dieser Ton, soweit die grossen Dichter selbst ihn auszubilden vermocht hatten, bei ihren Schülern in ein hohles Pathos entartet war, haben wir zuvor durch Tieck uns bestätigen lassen.*) Es wird nicht unpassend erscheinen, an dieser Stelle noch einige Sätze aus jener nachlesenswerthen Abhandlung „Ueber das Tempo, in welchem auf der Bühne gesprochen werden soll" anzuführen. Das Merkwürdigste, was für uns aus dem ganzen Aufsatze erhellt, ist die Thatsache, dass Tieck, diese feinsinnigste kritische Autorität der allernächsten nachklassischen Zeit, bereits gänzlich davon abstand, sich durch die Früchte der klassischen Arbeit auf dem Gebiete der modernen Schauspielkunst den Glauben an die Möglichkeit eines „idealen Styles" stärken zu lassen. Gegenüber den Versuchen der Weimarer Schule, z. B. des ausgezeichneten Alexander Wolff und seiner Gattin, diesen Styl in einer langsam-pathetischen Deklamation zum Ausdruck zu bringen, musste er vielmehr offen gestehen, in eine gewisse Ungeduld zu gerathen, welche es „seiner Phantasie etwas schwer mache, recht leicht und behaglich den Künstlern zu folgen." Er scheint sich dabei selbst auf die Seite des Publikums zu stellen, welches, nach seiner Aussage, kaum bis zu einer solchen intensiven Begeisterung sich zu erheben vermöchte, um eine idealische Stylisirung des Kunstwerkes, auch im Sprechtone, als eine neue und höhere Naturwahrheit gläubig hinzunehmen. Er spricht also dem Publikum wie dem Theater eigentlich die ideale Sphäre ihrer künstlerischen Beziehungen ab, und lässt ihnen nur noch die ideelle und intellektuelle, die geistige Sphäre übrig. Berechtigt ist von diesem Standpunkte aus seine Frage: „Warum soll der Grundton des Trauerspieles langsamer sein als der des Lustspiels?" Er steht damit wieder auf dem Shakespare-Theater, in welches der poetische Idealismus eben eine, unorganische, „Veränderung" hineingetragen hatte. „Es ist wohl hauptsächlich der Vers," sagt Tieck, „der in neueren Zeiten diese Veränderung in Deutschland hervorgebracht hat. Der monotone Alexandriner hat die Franzosen gezwungen, eine eigene künstliche Deklamation zu erfinden, in welcher es oft die grösseste Anstrengung kostet, den Vers und Reim nicht hören zu lassen. Bei uns hat unleugbar die Einführung des Verses die Rezitirenden fast Alle irregeführt; denn sie haben sich durch ihn eine skandirende Singweise angewöhnt, einen wiederkehrenden Abfall und ein gleichmässiges Ansteigen der Stimme, dass ich oft die Geduld der Zuschauer bewundern muss, die eine lange Tragödie sich in dieser falschen Deklamation zumessen

---

*) Uebrigens kann man es bereits in einem „Beytrag zum Reichs-Postreuter" vom 21. May 1772 lesen: „Herr Borchers (als Odoardo Galotti, im Hamburger Theater) hielt den Epilog, dass man ihn, weil er zu hohl aus der Tiefe sprach, nicht recht verstehen konnte. Doch der Fehler liegt vielleicht in der jetzigen Einrichtung des Schauspielhauses, das durch die damit vorgenommene Veränderung an Pracht zwar gewonnen, in Absicht aber auf das Gehör des Parterre sehr verloren hat."

lassen, und dabei ziemlich befriedigt sind." Wohl fügt er hinzu: „Es bedarf keiner Frage, dass ein grossartiges Gedicht in nüchterner Schnelligkeit hingeschwatzt, schnell vorübergleitend nicht unsere Seele bis auf den Grund erschüttern könne." Aber dann auch wiederum: „Ich glaube, dass die wenigsten Menschen von der Kunst jene Erschütterung, das völlige Aufgehen ihres ganzen Selbst in ihr, auch nur verlangen. Die Meisten sind mit leichten Rührungen zufrieden und diese werden ihnen, im Komischen wie im Tragischen, von jenen Schauspielern erregt, an welche sie gewöhnt sind. — So sprach schon Tieck! —

Also nicht einmal mehr das Shakespeare-Theater: die Atmosphäre des Staubhaufens, die Modegewohnheit, das ist's, wohin wir nur allzuschnell mit deutscher Komödie gerathen waren! Und woran hätte man sich in moderner Schauspielkunst zuletzt nicht schon „gewöhnt"?! — Da sind noch die Ueberreste jenes deklamatorischen Pathos, das unter zunehmender Einbusse seiner alten idealischen Würde nur mühsam durch den anwachsenden Strom des realistischen Zeitgeistes mithindurchgetrödelt worden war. Mittels einer, raumentsprechend, oft bis zum Schreien übertriebenen Sprache versucht man diese pathetischen Ueberreste im „klassischen Repertoire-Stücke" zur dynamischen Vermehrung der Effekte des theatralischen Realismus zu verwerthen. Auch hat man es in der That darin mitunter zu ganz erstaunlicher Virtuosität gebracht; was freilich kaum noch zur Verwunderung reizt, wenn man weiss, seit wie langer Zeit solche Virtuosität sich schon heranzubilden vermocht hat. Tieck schrieb im Jahre 1831 („die geschichtliche Entwickelung der neueren Bühne, II. S. 341): „Der Ton, der sich zum Würdigen und Edeln erheben will, wird unvermerkt, um dem Nüchternen zu entgehen, sich stark heben, schwülstig und schluchzend werden, oder sich nach und nach in eine Art von Gesang verwandeln. Ist erst der Grund gelegt, sind Spieler und Hörer an diese Manier erst gewöhnt, so wird die Unnatur immer stärker, die Recitation wird oft aus dem Scheingesange, bei einem rauhen Organ und zu grosser Anstrengung, in ein Heulen ausbrechen, das alsdann auch seine Bewunderer findet und für den grossen tragischen Ton, für das Wunderbare und Uebermenschliche gilt. In den neuesten Zeiten hat sich hie und da zu diesen Unarten noch ein plötzliches schreiendes Stossen und ein übertriebener Accent gesellt, der in jedem Verse wenigstens Ein Wort übermässig heraushebt, wodurch es fast unmöglich gemacht wird, dem Sinne des Autors zu folgen. Und doch sind es nicht die schlechtesten, so wenig wie die unberühmtesten Schauspieler, die wir jetzt so oft in grossen Rollen auf diese Weise herschreiten sehen."

Neben dieser dynamischen Wirkung der pathetisch-erhobenen Rede in der modernen Tragödie finden wir in unserem Lustspiele, soweit es nicht mit der mehr oder minder dialektischen Sprache des Lokal-Schwankes ein populäreres Wohlgefallen zu erregen weiss, mitunter einen ganz eigenthümlichen Jargon entwickelt. Den Urboden dazu dürfen wir vielleicht schon in dem Berichte „des würdigen Jenisch" von 1802 erkennen, woraus — nach Goethe („Berliner Dramaturgie 1823) — hervorgeht, „wie es mit den Natürlichkeiten eigentlich beschaffen gewesen, und wie der sogenannte Konversationston zuletzt in ein unverständiges Mummeln und Lispeln ausgelaufen, sodass man von den Worten des Dramas nichts mehr verstand, und sich mit einem nackten Geberdenspiel begnügen müssen." Doch blieb man dabei nicht stehen; man zog noch andere Bildungsmittel heran, wie zur Verdeutlichung jenes „Mummelns und Lispelns" für ein gleichgebildetes Publikum.

Wenigstens erwuchs dem deutsch sprechenden Schauspieler eine besondere Mühe daraus, sich mit der übersetzten oder nachgeahmten Sprache des französischen Salonstücks möglichst „natürlich" abzufinden. Nun aber war eine solche Aufgabe selbst wiederum eine grund un natürliche, in ähnlicher Weise, wie jene, welche in der Oper verderblich gewirkt hat: auf ein elendes Uebersetzungsdeutsch französisch-italiänische Musik als ein deutscher Sänger singen zu sollen. Unter solchen Umständen ist es dann kein Wunder, dass auch das ehrlichste Bemühen nach einer recht ausbündigen Natürlichkeit der Rede schliesslich in eine barocke Unnatur hineingeräth. Ist eine solche aber, wie die gesellschaftliche Unnatur des Salons selber, einmal zur *Mode* geworden, so gilt sie auch gleich als *stylvoll*, und wird von dem Publikum wirklich für etwas durchaus Natürliches und Verständliches gehalten. Wer dagegen zufällig in der heut zu Tage gewiss seltenen Lage gewesen ist, mehre Jahre lang keine Aufführung eines Lustspieles auf deutscher Bühne erlebt zu haben, und nun hört er mit einem Male wieder diesen modernen Jargon der theatralischen Salonnatürlichkeit wie etwas sich von selbst Verstehendes, ja „Selbstrodendes", geredet werden: der versteht in der That eine ganz geraume Zeit gar nicht, was die Leute dort oben sich eigentlich zu sagen haben. Ist er so weit gelangt, die deutschen Worte aus dem seltsamen Tonfall und Sylbenwurf einigermaassen heraus zu erkennen, so wird er immer noch in einem gewissen Erstaunen befangen bleiben und es nicht recht begreifen, warum denn dort ein so ganz eigenartiges Deutsch geredet werde. Aber wann er nur erst glücklich bis zum letzten Akt vorgedrungen ist, so hat er sich selbst schon wieder dergestalt daran gewöhnt, dass er beim Hinausgehen aus dem Theater wohl gar noch die „natürliche Art", wie heut auf der Bühne gespielt und gesprochen werde, im Chore der Gleichgesinnten zu rühmen weiss.

Das ist auch gar kein Irrthum, sobald man auf der Bühne wie im Leben „natürlich" nennt, was eben „Mode" ist. Ja, ist ein solcher Kunstjargon einmal als die natürliche Bühnensprache so völlig akzeptirt und eingebürgert, dass das Verständniss der Abonnenten sich gar nicht mehr darüber verwundert, so werden auch diese, um nur recht salonmässig zu reden, sich bald die Allüren und Manieren der Theatersprache anzubilden suchen. Andererseits aber geht dann begreiflicherweise auch das im Grunde recht verständige Bemühen des Tragöden, vor Allem erst wieder einmal natürlich zu reden, ehe dass er die Sprache zu einer, noch ungefundenen tragischen Rhetorik erhöbe, auf jenen lockeren Staubhaufen der Mode, den Lustspiel-Jargon, als Fundament für die neue Kunstsprache zurück. Damit erfüllt er dann freilich übel genug die Vorschrift Tiecks, dass die „Konversationssprache" die Basis auch des Trauerspiels sein und bleiben müsse, welcher Jener jedoch die weise Erläuterung hinzufügte: „Obige Behauptung muss aber dahin verstanden werden, dass dieser Grundton nur das Element sein kann, in welchem sich in allen möglichen Modifikationen die Kunst des Sprechers bewegt."

Da nun einmal der Realismus über den Idealismus auf der Bühne gesiegt hat, und das „hohle Pathos", als dessen letzter Ueberrest, mit Recht in Verruf gekommen ist, so ergiebt sich demnach als das nothwendige Resultat und Ende der ganzen künstlerischen Anstrengung: die Verbindung der Opernhaus-Dynamik mit der Salon-Natürlichkeit. Wird aber diese Manier sogar auch auf die durchaus selbständige und echte Naturwahrheit des Shakespeare-Dramas angewandt, so bedeutet dieses nicht mehr und nicht weniger, als dass auch der uns wirklich noch erhaltene, wahrhaft natürliche Untergrund eines realistischen Schauspiels von dichterischem Werthe heillos zerstört wird. Schienen einst das Wort der Dichter und die Stätte der Fürstengunst, in der künstlerischen Sphäre idealer Bestrebungen zur Bildung des Geschmackes und des Styles, dem deutschen Schauspiele eine neue edele Lebensmöglichkeit zu eröffnen: so dünkt es uns nun, als sollte die „moderne Komödie", welcher das grosse „klassische Erbe" überkommen war, in einer unkünstlerischen Welt materialistischer Spekulanten- und Repertoire-Bereicherungen, gerade an dem Missverhältnisse der Behausung und dem Mangel der Sprache zu Grunde gehen.

6. Reformversuche.

Goethe ermuthigte sich seinerzeit zur Hoffnung auf eine Theaterreform mit den Worten: „das Theater wird, so wie die übrige Welt, durch herrschende Moden geplagt, welche es von Zeit zu Zeit überströmen und dann wieder seicht lassen. Mehr als irgend ein Theater ist das Deutsche diesem Unglücke ausgesetzt, und das wohl daher, weil wir bis jetzt mehr strebten und versuchten, als errangen und erreichten. Unsere Litteratur hatte, Gott sei Dank, noch kein goldenes Zeitalter, und wie das Uebrige, so ist unser Theater noch erst im Werden." („Weimarisches Hoftheater". 1802.)

Drei Viertel eines Jahrhunderts, welches sich in vielen Dingen, trotz Blut und Eisen, gerne für ein „goldenes" halten möchte, sind dahingegangen, und das deutsche Theater scheint uns immer noch „erst im Werden", wenn wir nicht gar zugeben wollen, dass es bereits im Vergehen sei. Jedenfalls ist man auch neuerdings wieder daran gegangen, „zu streben und zu versuchen", und auf R e f o r m eines Schauspiels zu denken, welches in seiner letzten Modeform, der „s t e h e n d e n B ü h n e", und in der alltäglichen Konkurrenz zwischen Hof- und Stadt- und Spekulationstheatern, allerdings schon einer zunehmenden Verwahrlosung anheim zu fallen schien.

Der bemerkenswertheste und meist besprochene, auch äusserlich erfolgreichste solcher modernen Rettungs - Versuche auf dem alten Grund und Boden des „stehenden Theaters" und des „Abendrepertoire's" ist gewiss in dem M e i n i n g e r Musterschauspiele zu sehen. Hier bemerkt man, wie das Reformbedürfniss in dem Gebiete des modernen Hoftheaters selber sich geregt hat. Man möchte diese Art einer Neubildung beinahe als ein organisches Herauswachsen aus den gegebenen Keimen und Anlagen gelten lassen. Nur ist dabei zu bedenken, dass im Grunde doch nur der Wille eines einzelnen geschmackvollen, kunstsinnigen, für das deutsche Schauspiel lebhaft interessirten F ü r s t e n eben dieses sein eigenes und einzelnes Hoftheater zu einer Stätte der Reform nach seinem persönlichen Sinne und Wunsche bestimmt hat. Diess wäre also doch k e i n e organische Fortentwickelung, sondern weit mehr ein Z u r ü c k g r e i f e n auf den edelen Grund der Idee des Hoftheaters. Der Fürst nimmt sich der idealen Interessen deutscher Kunst auf einer, ihrer Pflege eingeräumten, ihm gehörigen Bühne persönlich huldvoll an. Auch diess ist ja nur erklärlich unter der Voraussetzung, dass das V o l k als solches diese idealen Interessen, ja diese Kunst selbst n o c h n i c h t b e s i t z t, sondern dass sie ihm erst, Dank der Pflege des Fürsten, in einem selbständig künstlerisch ausgebildeten Style zugeführt und zu Eigen gegeben werden müsste; wie diess denn thatsächlich zu unserer Zeit der Fall ist. Andererseits aber existirt, wie wir gesehen haben, der von den Klassikern angestrebte ideale deutsche Schauspielstyl gleichfalls noch gar nicht, noch ist an seiner Stelle irgend ein anderer „Styl", der diesen Namen verdiente, zur Ausbildung gelangt, dergestalt, dass ihn ein dafür begeisterter Fürst nur eben noch zu pflegen oder etwa weiter ausbilden zu lassen hätte. Vielmehr dürfte Dasjenige, was man auch in dem Meininger Schauspiel als „organisch" aus dem deutschen Theater weiterentwickelt finden könnte, gerade wiederum das S t y l l o s e sein: nämlich eben jene seit der Zeit der Klassiker in die deutsche Schauspielkunst eingerissenen Fehler und Verworrenheiten; — aber mit e i n e r einzigen Ausnahme.

Diese Ausnahme war eben die Folge des persönlichen künstlerischen Geschmackes dieses Fürsten. Sie bezieht sich, wie wir wissen, in einem edelen Sinne auf die S c e n e, das scenische Bild. Es ist eine Reform für das malerische Element auf der Bühne, im Gegensatze etwa zu der aus dem musikalischen Elemente hervorgegangenen Reformation von Bayreuth. Gegenüber den bis zur Atomisirung des Kunstwerkes fortgeschrittenen realistischen Effektleistungen des isolirten Virtuosenthums, steht in Meiningen die sorgsame Pflege des Ensemble's. Nicht aber so sehr erscheint dieses Ensemble in einer stylistischen Einheitlichkeit der (spezifisch) schauspielerischen Gesammtkunstleistung, als wie in einem Gesammtbilde der scenischen Vorgänge, in ihrer Ausstattung, Umgebung und Gruppirung; wozu dann auch das Gesammtlautwerden dieses Bildes in vortrefflich einstudirten Volksmassenscenen gehört. Wir sehen also, dass hier gerade das zu allermeist verwahrloste Element der deutschen Schauspielkunst, die Sprache, auch nicht eigentlich als solche, nämlich als der natürliche Ausdruck der poetischen Persönlichkeit, sondern nur erst als mitwirkendes Element des Ensemble's, s. z. s. als Massentönen, behandelt und insofern wiederum bis zur „Virtuosität" ausgebildet ist. Bei einer solchen Art, das ganze Drama bis in seinen sprachlichen Theil hinein malerisch zu behandeln, liegt die Gefahr nahe, dass diess alsbald wie eine neue, brillante Mode von eifrigen und gescheidten Regisseuren nachgeahmt werde, darüber aber auch wieder die eigentliche Aufgabe der Bühnen-Reformation, der Styl nämlich, in der Vergessenheit belassen bleibe. Denn dieser Styl ist etwas, was an und für sich niemals Mode werden kann; er müsste denn schon selbst entartet sein, wie etwa der unserer Art gewiss nicht mehr entsprechende, als Mode nur neu aufgewärmte Styl der „Deutschen Renaissance" oder dergleichen hohles Maskenspiel unserer styllosen Gesellschaftswelt.

„Styl" in der Ausstattung und „Styl" in den Scenenbildern, das ist gewiss noch nicht Das, was unsere Klassiker als den idealen Kunststyl im deutschen Drama erstrebten; aber auch nicht das, was ihre geistvollsten Gegner, wie Tieck, von dem Schauspieltheater sich erwarteten. Sehr einsichtig gingen jene grossen Männer davon aus, diesen Styl zunächst auf die Bildung einer idealen Sprache zu basiren; und sehr bedeutsam scheiterte ihr Werk im Grunde daran, dass diese ideale Sprache in der Ausführung, anstatt zu lebendigem Style, zur deklamatorischen Unnatur führte, — worüber dann auch jeder künstlerische Sprachstyl für andere als idealistische Reformtendenzen verloren ging. — Von einem solchen, erst zu findenden oder neu zu begründenden Sprachstyle hat man bei der Meininger Reform ganz abzusehen. Es wird dort gesprochen, wie überall in den modernen Theateraufführungen der klassischen Werke; und nur jene andere Eigenthümlichkeit moderner Theateraufführungen, die Massenwirkung, ist durch einen feineren Kunstsinn zum Gegenstande einer malerischen Reform gemacht worden.

Wenn man nun von Kritik und Publikum immer wieder den Vorwurf hören muss, dass zwar das Ensemble der Meininger ganz ausgezeichnet sei, dass sie aber keinen eigentlich bedeutenden Schauspieler besässen, und dass

deshalb ihre Leistungen noch keinen vollkommenen Kunstgenuss ver-
schaffen könnten: so spricht hieraus der ganze Irrthum (ja Irrwahn) des
über sich selbst unklaren modernen Bühnenrealismus. Es kommt nicht so
sehr auf die einzelnen genialen Persönlichkeiten an, wenn es sich um die
Feststellung und Ausbildung eines neuen Gesammtstyles handelt, sobald
nur ein solcher überhaupt einmal in dem Geiste eines schöpferischen Genius
als eine neue Sonne für die Kunstwelt aufgegangen ist. Wo dieser Styl
erst traditionell fixirt und exekutiv ausgebildet werden soll, da wird die
Virtuosität eines Einzelnen gewöhnlich sogar im Gegensatze hierzu sich zeigen.
Denn diese Virtuosität pflegt doch nur erst der, von besonderem Talent ge-
tragene, Höhepunkt der bisherigen, in diesem Falle modern-realistischen
„Richtung", oder der herrschenden Mode zu sein. — Dagegen, was einem
künstlerischen Gemeinwesen, wie das Meininger Schauspiel, fehlt und fehlen
musste, um wirklich ein vollkommenes Ensemble im Sinne eines künstlerischen Styles zu bilden: das ist die Gemeinsamkeit und Einheitlichkeit in
der Pflege und Ausbildung gerade des ideellen Elementes im rezitirten
Schauspiele, nämlich der Rede, der Sprache. Hätten die Meininger Schauspieler bei eben den Talenten, die sie besitzen, allen Anderen voraus es
gelernt, oder lernen können, in künstlerischem Style zu reden, d. h. deutsch
zu reden im deutschen Kunstwerk: so würde der Genuss einer solchen
Schauspiel-Vorstellung auch für jeden Laien der auf diesem Felde denkbarst
vollkommene unserer Tage sein. Es wäre dann in der That auf dem Gebiete des rezitirten, d. h. eben gesprochenen, Dramas etwas Aehnliches erreicht, als was an demselben Meiningener Fürstenhofe auf dem Gebiete der
symphonischen Musik unter der Leitung Hans von Bülow's gelungen
ist, welcher die vorhandene ideale Sprache der Meister deutscher Ton-
kunst mit seiner eigenen Meisterschaft vor Allen Andern treu und lebensvoll
zu reproduziren wusste. Dann erst, wenn ein solcher Styl des rezitirten
Dramas auf der Grundlage der dramatischen Rezitation selbst sicher fixirt
wäre, dann möchten auch die „Sterne" über diesem neugewonnenen Gebiete
aufgehen, um nun nicht mehr als Virtuosen der Allerwelts-Mode, sondern
als Meister deutschen Styles in dem grossen, festen künstlerischen Ensemble ihre Kräfte dem Idealen zum würdigen Dienst zu stellen. Dann erst
können die hellen Sterne leuchten, wenn es heilige Nacht geworden ist;
das will sagen: wann eine weihevolle Ruhe eingetreten ist nach dem langen
Streite zwischen Moden und Styl, und wenn der Styl selbst gefunden ist,
welcher auch für das rezitirte Drama den heiligen Frieden reiner Kunst
bedeutet.

Woher aber sollte nun gerade das rezitirte klassische Drama vor Allem
die seinem Ideal entsprechende Sprache erlernen? Wer ist sein Sprach-
lehrer? — Oder weiterhin: wo ist überhaupt die künstlerische Sphäre, in
welcher auch eine idealische Sprache — natürliche Sprache wäre; so
dass aus dem Boden dieser höheren Natur die Früchte geerntet werden

könnten auch selbst für ein, auf dem Untergrunde des modernen Realismus, sich etwa neu aufbauendes, in seiner Weise idealisch geartetes, d. h. kunstwerthiges, dichterisch-würdiges Schauspiel? Für ein d e u t s c h e s Theater? — Schon in diesem einen Worte „deutsch“ liegt das ganze Schwergewicht des ersten Gebotes: „D e u t s c h zu reden,“ d. h. d e u t l i c h und bedeutend.

Nun hat sich vor einiger Zeit in B e r l i n ein ganz ausdrücklich so benanntes „D e u t s c h e s T h e a t e r“ gebildet, welches, ganz anders als die Meininger, nicht vom Ensemble ausgeht und die Sterne vermissen lässt, sondern vielmehr von den Sternen ausgeht, die nun selber, als Societäre der Gründung, das Ensemble bilden wollen, um das deutsche Drama — wie sie von vorn herein versprochen haben — endlich einmal wirklich „*stylvoll*“ darzustellen.

Eine offiziös angehauchte Kritik ihrer ersten Aufführung im „Leipziger Tageblatt“ drückte diess unumwunden also aus: „Da haben sich Männer verbunden mit dem ernsten E n t s c h l u s s e, e i n e d e u t s c h e M u s t e r b ü h n e zu s c h a f f e n, und sind für ihren Plan m i t i h r e r g a n z e n P e r s o n u n d m i t i h r e m V e r m ö g e n eingetreten;“ und eine andere Kritik verkündete geradezu, dass, während die Meininger „die T ä u f e r“ gewesen seien, man in dem Deutschen Theater der Herrn Arronge, Barnay, Friedmann, Förster und Haase „den E r l ö s e r“ unserer theatralisch-dramatischen Kunst begrüssen müsse. Auch für die nothwendige S p h ä r e, aus welcher das Geburtsrecht einer solchen Kunsterscheinung herzuleiten wäre, war ersichtlich gesorgt; denn jene offiziöse Leipziger Kritik fügte hinzu: „B e r l i n, der Sitz des deutschen Kaisers, der Brennpunkt des politischen Lebens in Alldeutschland, Berlin m u s s auch der Mittelpunkt aller ernsten künstlerischen Strebungen unserer Zeit werden.“ Nun „m u s s“ zwar „kein Mensch müssen“, wenn man Lessing trauen darf, der doch recht eigentlich der geistige Protektor eines solchen deutschen Theaters sein sollte; allein — B e r l i n muss m ü s s e n, „es muss (wohl oder übel) der Mittelpunkt aller künstlerischen Strebungen der Nation werden.“ „Dem deutschen Drama eine geweihte S t ä t t e zu bieten, welche eine neue A e r a für den Bühnenk ü n s t l e r eröffnet, die M u s e des P o e t e n zu f r u c h t b a r e m S c h a f f e n anzuregen und den ä s t h e t i s c h e n G e s c h m a c k des P u b l i k u m s neu zu beleben und zu fördern“, diess Alles sollte, nach dem Wortlaute jener Leipziger Kritik, die hohe Aufgabe des neuen Deutschen Theaters in dem Berliner Zentral-Brennpunkte „Alldeutschland’s“ sein. Einigermaassen bedenklich durfte uns dabei nur das Folgende erscheinen. Dieselbe Kritik, welche so glänzend begonnen hatte: „Wir stehen unter dem Eindruck eines grossen Ereignisses, eines Ereignisses, das von der weittragendsten Bedeutung für Berlin, für ganz Deutschland sein wird“, — dieselbe Kritik, welche alsdann Alles und Jedes in jener Eröffnungsvorstellung durchaus „grossartig“ fand: „Der Prolog und das Bild übte eine grossartige ergreifende Wirkung auf das Publikum" — „grossartig und schön war jede einzelne Leistung, das Grossartigste aber das Ensemble" — „diese Künstler sagten es nicht, aber Alles bewies fortwährend die Berechtigung zu dem Worte: Sie sehen, was wir können!" — dieselbe Kritik hatte in einem bescheidenen Nachsatze denn doch etwas — eine Kleinigkeit — an dieser ganzen neuen Gründung des deutschen Theaters auszusetzen. Sie sagte nämlich zum Schlusse: „Die Vorstellung dauerte fast fünf Stunden — etwas lange auch für einen *Theatergourmand*. Wir glauben, dass die Regie ihre Pietät gegen Schiller etwas mindern muss, einige Streichungen werden den theatralischen Effekt gewiss nicht vermindern." Also nur die Pietät gegen Schiller muss noch etwas „herab gemindert", und das ganze Drama auf einer etwas mehr gestrichenen Oktave abgespielt werden: dann hat das deutsche Theater nach der Meinung der Kritik kurzweg sein Ideal erreicht, und der klassische Styl der Darstellung ist unserer klassischen Dichtung gesichert. Und nicht nur dieser; denn nach einer Woche klassischer Repertoire-Abwechselung zwischen „Kabale und Liebe", „Minna von Barnhelm" und „Iphigenia" folgte ja bereits ein internationaler Abend, welcher Kleist's urdeutschen „Zerbrochenen Krug" und Girardin's Schwank „Der Hut" nebeneinander als Muster deutschen Lustspielstyles den „Theater-Gourmands" von Berlin vorführte. Dass bald hernach ein ganz ungestrichener „Don Carlos" an zwei Abenden und in der voll gegriffenen Oktave von acht Stunden als alexandrinisch-litterarische Kuriosität zu Schiller's grösserer Ehre erbarmungslos vor die deutschen Theaterlampen zitirt ward, das widersprach allerdings der obigen offiziösen Kritik auf das Offizielste und gab ihr damit leider einen grellen Anschein von Recht. Niemandem aber fiel es ein, an Goethe's Worte zu denken: „*Don Carlos* war schon früher für die Bühne zusammengezogen, und wer dieses Stück, wie es jetzt gespielt wird, zusammenhält mit der ersten gedruckten Ausgabe, der wird anerkennen, dass Schiller, wie er im Entwerfen seiner Plane unbegränzt zu Werke ging, bei einer späteren Redaktion seiner Arbeiten zum theatralischen Zwecke durch Ueberzeugung den Muth besass, streng, ja unbarmherzig mit dem Vorhandenen umzugehen." „Die *Räuber, Kabale und Liebe*, *Fiesko* jedoch wollte man nicht anrühren, weil das daran Missfällige sich zu innig mit Inhalt und Form verwachsen befand, und man sie daher auf gut Glück der Folgezeit, wie sie einmal aus einem gewaltsamen Geiste entsprungen waren, überliefern musste." — Da diese Worte gerade in den Abhandlungen „Ueber das deutsche Theater" (1815) zu finden waren, so hätte die Sozietät eines „Deutschen Theater's", aber auch ihre offiziöse Kritik, sich wohl einigermaassen damit vertraut machen sollen.

In der Folge soll es sich gezeigt haben, dass besonders eine Anzahl geschickt ausgewählter jüngerer Kräfte ein sehr lobenswerthes Zusammenspiel bei der Darstellung eines wechselnden Repertoire's zu entwickeln im

Stande war; hierdurch scheint das neue Theater, von den „Sternen" ganz abgesehen, die sonst am Orte gewohnten schauspielerischen Gesammtleistungen oft angenehm übertroffen zu haben. Auf dem alten Boden jener „stehenden" Repertoire-Bühne, welche nur das „stehen gebliebene" Wandertheater war, gab es nun dort also bisweilen vornehmlich gewandte und akkurate Darbietungen von einer gewissen frischen geistigen Geniessbarkeit für ein Weltstadt-Publikum mit einigem Anspruch auf spirituelle, lebensvolle Abend-Unterhaltung im dramatischen Genre. Allein mochte es dabei anständiger und verständiger als anderswo auf dem gleichen Boden hergehen, so musste doch auch hier eine Reform von Grund aus unterbleiben, weil eben dieser Grund als solcher selbst keine neuschöpferischen Kräfte mehr barg, und das gesammte bunte Erbe der Vergangenheit, unbegriffen und ungesichtet, wie es in Folge des Mangels solcher aufklärenden Kraft vorlag, nur eben so gut als möglich in der üblichen Weise der modernen Komödie zu verarbeiten war. Es war Stoff, nicht Problem, für ein neues, relativ besseres, Berliner Stadttheater.

Sehr richtig hatte die zuvor erwähnte nicht offiziöse Kritik dem neuen Theater es zur ersten Pflicht gemacht: dass es, um seine grosse Aufgabe zu erfüllen, dem „deutschen Volke seine theure Muttersprache gegen alle Willkür und Planlosigkeit schützen" müsse. Eine etwas schwierige Sache freilich für die betreffenden Künstler! Fehlten nicht auch für die echtesten deutschen Muttersöhne das grosse Beispiel, der Meister und die Schule, von denen sie den künstlerischen Schutz für die „Muttersprache des deutschen Volkes" erlernen könnten? Ohne solch ein grosses Beispiel, ohne Meister und Schule, schlechtweg „stylvoll" reden oder gar einen *klassischen Redestyl* begründen zu sollen, das scheint denn doch einige „Willkür und Planlosigkeit" schon vorauszusetzen. Ist es doch gar nicht abzusehen, nach welchem Plane oder aus welcher Unwillkür hervor auch unsere besten Schauspieler heutzutage nur erst den *Sprachton* für so ganz verschiedene Stylarten unzweifelhaft richtig treffen wollen, wie sie durch „Kabale und Liebe" einerseits, durch „Iphigenia" andererseits, und dann wiederum durch Girardin's und Kleist's Lustspiele so charakteristisch repräsentirt werden, dass in der That, wären dafür die richtigen Sprachstyle gefunden, jenes Repertoire eine meisterlich zusammen gestellte Musterkarte der „dramatischen Sprechtöne" genannt werden müsste*).

---

*) „Deutschen Lustspiel-Ton" würde z. B. auch Schanfert's „Schach dem König" erfordert haben, aber dessen Aufführung im „Deutschen Theater" u. s. folgende Kritik-Aeusserung zu lesen war: „Im allgemeinen schien es uns, als ob man den richtigen Ton nicht ganz träfe. Es will das alles mit mehr Grazie und Vornehmheit angefasst sein. Lobenswerthe Erwähnung verdient Herr Pohl (Lord Hay), der aber sonderbarer Weise das breitspurige Wesen der von ihm dargestellten Figur damit charakterisiren zu müssen glaubte, dass er alle Augenblicke in den unverkennbarsten Hamburger Dialekt verfiel."

Es lautet aber § 1 der Goethe'schen Regeln für Schauspieler: „Das Erste und Nothwendigste für den sich bildenden Schauspieler ist, dass er sich von allen Fehlern des Dialekts befreie; kein Provinzialismus taugt auf der Bühne!" —

Schon Tieck sagt an verschiedenen Stellen seiner Schriften: „Es muss, wenn auch auf dem Grunde der natürlichen und gewöhnlichen Rede, jedes Schauspiel sein eigenes Zeitmaass haben." „Die Iphigenie muss etwas gehaltener und feierlicher durchaus gegeben werden, als der Tasso", „dieses Meisterwerk, in welchem der deutsche Laut am zierlichsten und lieblichsten sich vernehmen lässt." „Tasso darf sich leichter und geistreicher bewegen," und „verträgt meist die zarteste und edelste Konversation." „Die Verse in Goethe's Meisterwerken müssen anders gehört werden, als im Wallenstein, und in diesem wird der Charakter Thekla's melodischer müssen rezitirt werden, als der der Gräfin Terzky." „Die Jungfrau muss die gereimten Zeilen anders als die übrigen vortragen, ohne in leere Deklamation überzugehen, und die schönen gereimten Scenen der „Sommernacht," oder des „Romeo," müssen sich in anderer Art, als die Verse des „Sturms," vernehmen lassen." Damit berührt Tieck zwar noch nicht den eigentlichen Kern der Sache, er hält sich mehr an das äussere Zeitmaass und lässt das Problem eines idealen Styles für ideale Werke, absichtlich, ausser Acht. Aber es genügt doch schon, um — recht verstanden — die Verwirrung zu beleuchten, in welche man bei der ernstlichen Frage gerathen muss: wie irgend ein moderner Theaterleiter, wenn er es wirklich im höchsten Grade aufrichtig und streng mit seiner Aufgabe nähme, über diese allererste Schwierigkeit hinwegkommen will, seine Leute an einem Abend — um nur bei Einem Dichter zu bleiben — im richtigen Sprachstyle des „Goetz von Berlichingen," am anderen: des „Egmont", am dritten: des „Tasso", und am vierten etwa noch des zweiten Theiles des „Faust" reden zu lassen. Da wäre jedenfalls Alles nur erst *Experiment,* und zwar sehr gewagtes! — Immerhin aber dürfte es ihm noch am Leichtesten werden, sich an Tieck anzuschliessen, also: anzugehn von dem (wohlverstanden) *poetischen Realismus* des Shakespeare-Theaters und von einem wirklich gesunden deutschen Lustspiele (wozu ja vielleicht auch die nordischen Dichter mithelfen könnten), um nur erst einen wahrhaft natürlichen Sprechton, frei vom modernen Salonjargon und von den hohlen Stylstummeln des nachklassischen Pathos, frisch heranzubilden. Am Nächsten schlösse sich daran die erste Periode unserer Klassiker, nebst Lessing; und zwar würde man bei Lessing (Minna von Barnhelm, Emilia) die klare Schärfe der verständigen Dialektik, bei dem Dichter des „Goetz" die freie Wahrhaftigkeit der vielfältigen rein menschlichen Empfindungen, und bei dem Dichter der „Räuber" die glühende Wärme unbändig aufquellender Leidenschaftlichkeit nachempfindend zu erlernen, und diese dichterischen Elemente mit jener ersten Bildung eines natürlichen Sprechtones künstlerisch zu verschmelzen haben. Thut man diess am „Deutschen Theater", so ist damit das Beste gethan, was zu thun heute möglich ist. Aber schon mit dem Uebergange zum Idealen, welchen Goethe in der sog. prosaischen Fassung der „Iphigenia" und im „Egmont", Schiller aber auf andere und energischere

Weise im „Carlos" vollzogen hatte, tritt jener prinzipielle Uebelstand zwingend ein: wie redet man heutzutage auf der Bühne eine zugleich natürliche und ideale Sprache, welche nicht lediglich wieder ein deklamatorisches Pathos oder ein willkürliches Experiment des mit der Sprache operirenden schauspielerischen Verstandes wäre? Auf diesem Wege kommt man keinesfalls bis zu den beiden „natürlichen Töchtern" und klassischen Schönheiten unserer idealen Meisterdichtung: „Eugenie und Beatrice"!*)

Für die Sprache des Idealismus auf der Bühne muss man sich nothgedrungen nach einer anderen Quelle umsehen, aus deren tönendem Naturgrunde — mag es nun zugleich süss und bitter für die Schüler des rezitirten Dramas sein — eine wirklich ideale Sprache völlig neugeschaffen, wie die Aphrodite aus dem Meeresschaume, hervorgestiegen ist. Fassen wir also, bevor wir an diese Quelle selbst herantreten, noch ein Mal das Resultat der letzten Betrachtungen in wenige Worte zusammen, und lassen wir dabei jenes neuere Berliner Ereigniss, dessen „Sterne" inzwischen schon theils sich in Schnuppen auflösten, noch ganz ausser Acht, da seine „Sphaere" der „Realismus" des Schauspiels ist, zu dem wir erst am Schlusse wieder gelangen können.

Die „Meininger" hatten nur erst die Gesammtgebärde des Dramas in das Auge gefasst; zum vollkommenen Kunstwerke fehlt noch die Gesammtsprache. Welche Sprache? —

Erfordert schon unsere klassische Dichtung — zu geschweigen von der internationalen, welche unser Theaterrepertoire bereichert — unter sich verschiedene Sprachstyle, — wo findet das moderne rezitirte Drama überhaupt die Wurzel der Sprache, und damit seines eigenthümlichen Wesens wieder? Die Wurzel einer Sprache, welche bei grössester Natürlichkeit doch mindestens fähig wäre, auch dem höchsten klassischen Ideale den stylentsprechenden Ausdruck zu geben? —

Gewiss nicht auf dem Gebiete des grossen Staubhaufens, des konventionell bestehenden und fortvegetirenden, aber, wie wir wissen, durchaus nicht organisch gewachsenen, deutschen Hof- und Stadttheaters mit seinem abendlichen Amüsements-Repertoire der verschiedensten muster- und schullosen Stylelemente! —

Aber wie? gingen wir vorhin nicht von der Betrachtung aus, dass die dumpfige Macht dieses Staubhaufens in unseren Tagen schon gebrochen sei? Deutet nicht ringsum in den Landen so Manches, was doch nicht nur „Wetterzeichen" geblieben ist, auf eine beginnende *Umwandlung*, auf einen Bruch mit dieser lange eingerichteten theatralischen Mode hin?

Betrachten wir doch erst ein Mal diese merkwürdigen Wandelspuren in ihren einzelnen thatsächlichen Erscheinungen weiter, und sehen wir dann zu, welche von ihnen uns am Meisten den Eindruck einer organischen

---

*) Beide vor nun gerade 80 Jahren, 1803, vollendet, während Beethoven seinen neuen Heldengang mit der *Eroica* begann. —

Bildung macht, woraus sich ein Lebendiges und Ideales natürlich entwickeln mag. Wohl werden wir dann am Ende freudig auszurufen haben: „Da steht er!" und „Meines Liebsten Schwert hab' ich erkannt!" Denn das mächtige Meisterwort: „Hier steh' ich, hier mein Schwert!" erzeugt sich mit Uebergewalt sein weithin hallendes Echo: „Es kann nicht anders," und — der Mensch muss wieder einmal „müssen"!

7. Wandelspuren.

Es lässt sich wohl mindestens zum Theil auf die moderne Gewerbefreiheit zurückführen, dass sich jetzt auch bei uns in Deutschland, wie in Frankreich, die Pflege der Spezialität auf einzelnen Bühnen mehr und mehr eingebürgert hat. Besonders musste diess in jenen Grossstädten stattfinden, in denen eine grössere Anzahl von Privattheatern neben einander existiren können. Allerdings gehörte die Spezialität bisher meist einem niedrigen Genre an. Man hat es zu recht guten Lokalpossen- und Operetten-Theatern gebracht; und es ist dabei nur zu bedauern, dass diese beiden Gebiete dann doch wieder in eine gewisse — wenn man das Wort hier anwenden darf — geistige Vermischung gerathen sind. Die französische Operette ist, oft erst in Wienerischer Verdeutschung, nach Berlin verpflanzt, und dort durch Einimpfen eines schon wieder undeutsch gewordenen Lokalwitzes, meist von recht roher und unsittlicher Art, in eine plumpe Karikatur verkehrt worden, wobei auch der Rest des ursprünglich noch vorhandenen Pariser Esprits und wenn auch leichtfertigen, romanischen Geschmackes verloren gegangen ist. Auch die Lokalposse ist zum grossen Theile erst aus fremdländischen Stoffen zusammengebraut und nachträglich „lokalisirt" worden, meistens wiederum von Talenten nicht gerade — was wir so sagen: — deutscher Art. Immerhin kann man auf solchen Bühnen niederen Genres ein gut eingespieltes Ensemble und eine lebhafte gemeinsame Freudigkeit am möglichst trefflichen Herausbringen des Ganzen wie des Einzelnen bemerken. Durch die andauernde Beschäftigung mit dem gleichartigen Material bildet sich da etwas wie ein „Styl", mindestens in der Form einer *Manier*, heraus, welcher bestenfalls — aber durchaus nicht immer! — als der realistische Gesammtausdruck einer bestimmten wirklich vorhandenen, populär-gesellschaftlichen Sphäre gelten darf. Dass diese Sphäre moralisch wie ästhetisch gleich bedenklich erscheint, das ist wieder eine andere Sache. Wirklich bedenklich aber, und bedauernswerth zugleich ist es, dass jene vortheilhafte Spezialisirung der künstlerischen Beschäftigung nicht auch auf unsere besser situirten, und zu einem gewissen Anstande in ihrem Wesen und Gebahren verpflichteten Hoftheater Anwendung finden konnte. Im Gegentheil besteht nun deren Aufgabe, ohne jede Spezialität, in der gleichmässigen Vorführung aller über eine gewisse niedrige Stufe sich erhebender Genre's, welche, seit in der Welt Theater gespielt wird, das „Repertoire bereichert" haben. Vor dieser künstlerischen Hofdemokratie zeichnet sich nur das vorher betrachtete Meininger Hof-theater aus, indem es die aristokratische Pflege des klassischen Dramas zu seiner Spezialität gemacht hat. Gab es auch freilich in diesem Falle keine „vorhandene Sphäre", aus welcher ein entsprechender Styl sich hätte her-vorbilden lassen, so ward diese klassische Spezialität doch wenigstens zu einer neuen Mode unter den anderen, welche unser Theater beherrscht haben und beherrschen. Diessmal aber war es eine anständige und fürst-liche Mode, welche als eine solche, um in das Leben zu treten, auch nicht erst des Segens liberaler Gewerbefreiheit bedurfte.

Neben der Gewerbefreiheit rühmt der politische Liberalismus unserer Tage die F r e i z ü g i g k e i t als moderne Errungenschaft. Nun, auch was etwa kraft dieser auf dem Felde des Theaters bisher geerntet worden ist, das scheint zum grösseren Theile für eine idealere Richtung nicht eben förderlich gewesen zu sein. Einen gewissen Gegensatz zu den Ensemble-Leistungen bei jenen Spezialitäten meist niedrigen Genre's bilden die immer mehr überhand nehmenden G a s t s p i e l r e i s e n von einzelnen Darstellern aller Genre's. Schon Goethe hat einmal das Paradoxon ausgesprochen: das einzige Mittel, um „jetzt" ein deutsches Theater „oben zu halten", seien Gastrollen. Uebrigens ist Beides, Spezialitäten- und Gast-Spiel, mit-einander durch die m o d e r n e V i r t u o s i t ä t verwandt, deren Stämpel dort ein Ganzes, hier der Einzelne trägt. Dabei ist noch zu beachten, dass, wenn die Mode der Ensemble-Spezialität aus einer entsprechenden gesell-schaftlichen Sphäre sich einen gewissen stylistischen Anschein gewinnen konnte, dagegen das wandernde Virtuosenthum immer modern und styllos bleiben muss, weil es lediglich der Ausdruck der Sphäre des modernen *Theaters* ist, das selbst eine styllose Mode-Institution bedeutet. — Beides vereinigt sich überdiess in den neuerdings recht beliebt gewordenen G e s a m m t g a s t s p i e l e n. Ein irgendwo gut eingespieltes Ensemble begiebt sich als geschlossene Gesammtheit auf Reisen und findet überall dieselbe Sphäre des konventionellen Theatervergnügens wieder, wo es sich seinen Erfolg und Beifall einholen kann. Ist auch die eigentliche Pointe der Bewegung das „Geschäft", so repräsentirt doch diese Art moderner thea-tralischer Freizügigkeit nicht minder einen Bruch in dem Modegebilde des „stehenden Theaters". Auch hiermit hat man *zurückgegriffen*, nämlich auf die ursprüngliche Form der W a n d e r t r u p p e; und wenn wir diese in der vornehmen Erscheinung von Meininger Gesammtgastspielen wieder-kehren sehen, so mag uns solch ein Wandern wohl als ein Fortschritt gelten.

Allerdings frägt es sich nun wiederum: wo ist die künstlerische G r ä n z e, und wo das künstlerische G e s e t z, in welcher, und nach welchem, solche wandernden Theater sich halten und gestalten könnten, um dauernd einem einigermaassen künstlerischen, idealen Zwecke zu entsprechen? Wir erlebten es, wie zunächst hinter den Meininger Wanderfahrten des klassischen Schauspiels, welchen der rechte Styl mangeln musste, weil es ihn noch gar nicht gab, eine andere Wanderung, die des musikalischen Dramas, stattgefunden hat, welche gleichfalls des Styles entbehrte, obwohl es diesen schon gab, und er sich in dem Namen des wandernden Theaters so deutlich aussprach, wie es etwa auf Seiten des „stehend" rezitirten Schauspiels in dem des „*Deutschen* Theaters" geschieht. Ein „Richard Wagner-Theater" zog durch Städte und Länder und führte den „Ring des Nibelungen" vor, zum Theil sogar mit Bayreuther Dekorationen und mit Bayreuther Künstlern. Wir haben es nicht zu untersuchen, was hierbei in ästhetischer Hinsicht geleistet worden ist; und wir wollen es auch nur vorübergehend registriren, dass bei dem Publikum der Glaube an die theatralische Möglichkeit des überall angezweifelten Riesenwerkes gerade erst in Folge dieser Aufführungen endlich weithin Wurzel geschlagen hat. Darauf aber wollen wir wiederum hinweisen: wie auch diese Wanderfahrt der Nibelungen den Bruch der Gewohnheiten am modernen Theater, und zwar mit Pauken und Trompeten, zum nicht geringen Schrecken mancher Alterthümler konstatirt hat.

Zugleich bemerken wir hier, neben den beiden Formen der Ensemble-Spezialität und der Wandertruppe, auch noch eine dritte, die des „Cyklus", als ein weiteres interessantes Symptom für die Lockerung der Abendkonvention in unserer Theaterwelt. Man traut es dem Publikum mitunter zu, mehre Tage hintereinander sich in die gleiche Stimmung der Empfängniss eines einheitlichen grossen Kunstwerkes versetzen zu lassen. In wie weit dies thatsächlich geschieht, ist eine andere Frage; doch scheint man mitunter wirklich ein „gutes Geschäft" damit zu machen, da man es mit solchen Cyklen auch sonst noch, selbst an stehenden Theatern, und zwar schon seit längerer Zeit immer wieder versucht. Man wagt die ästhetische Bevorzugung eines gewissen Kunstwerks, oder auch eines bestimmten Dichters oder Musikers, in vollständigen Goethe-, Schiller-, Gluck-, Mozart-, Wagner-Cyklen auf das Wochenrepertoire des allgemeinen Theatervergnügens zu übertragen. Sogar Raupach hatte bereits einen solchen Cyklus seiner „Hohenstaufen" in Berlin durchgesetzt. Dabei scheint denn also doch einmal das künstlerische Objekt schwerer zu wiegen, als das reale Subjekt des theatralischen Genusses. Immer aber ist und bleibt diess erst ein Experiment, und will zumal für einzelne Werke noch nicht so recht zur Mode werden. Nur die Meininger vermochten auch hier wieder mehr als Andere, indem sie es mit der Wallenstein-Trilogie in glänzend historischer Ausstattung thatsächlich bis zur Modebeliebtheit brachten. Dagegen geht es mit den — meiner Meinung nach viel wichtigeren — Shakespeare-Historien noch nicht so gut. Die Sprache des „Wallenstein" (unter sich selbst wohl unterschieden) bietet den Schauspielern des modernen Theaters weit grössere Schwierigkeiten dar, als die der Shakespeare-Historien. Auf dem stark realistischen Boden dieser gewaltigen, theatralisch reich belebten Geschichtsbilder, welche mitsammen in einem grossen Zuge den erschütternden Verlauf einer politischen Tragödie an uns vorüberführen: darauf könnte recht wohl ein sehr sorgsamer und einsichtsvoller Bühnenleiter die Ausbildung eines künstlerisch anständigen Natursprechtones begründen, wie dessen unser Schauspiel vor Allem bedürftig ist.

Andere vereinzelte, aber beachtenswerthe Versuche, z. B. mit Grabbe's Hohenstaufen-Tragödien in Schwerin, sind vorläufig noch resultatlos geblieben. Dagegen hat der gesammte Goethe'sche Faust, cyklisch aufgeführt, (z. B. in Hannover an 4, in Wien an 3, in Weimar und anderwärts an 2 Abenden, in Mannheim dagegen an Einem Tage von 4 Uhr Nachmittags bis gegen 2 Uhr Nachts, wobei das Publikum bis zu Ende ausharrte!), in unseren Tagen eine nicht effektlose Revolte auf der opernhaft erweiterten Schauspielbühne verursacht. Auch hier ist etwas möglich geworden. Man hat den zweiten Theil auf die Scene gebracht, und dieses Experiment aller Experimente will, wie es scheint, wirklich zu einer Modesache werden, nur dass ein jedes Theater sich dafür seinen besonderen Modisten und Zuschneider engagirt, was den experimentellen Charakter des Ganzen in ein noch helleres Licht stellt. Die Scene hat dabei jedenfalls grösseren Gewinn, als der Faust; denn dieser zweite Theil gerade ist zwar ungemein theatralisch-wirkungsvoll, dabei aber, wie schon bemerkt, in Hinsicht des Styles ein höchst verwickeltes Räthsel, ja eine wahre Rösselsprungsaufgabe, deren Lösung auch dem scenisch bereicherten modernen Theater schwerlich gelingen wird.

Der Erste, welcher sich *in praxi* daran wagte, war bekanntlich Dingelstedt, der auch die Shakespeare-Historien auf seine Weise für die Bühne hergerichtet hatte. Nebenbei bemerkt: die „Faust-Idee" Dingelstedt's steht in einem gewissen Zusammenhange mit der Idee von Bayreuth. Als die ersten Bayreuther Festspiele bevorstanden, veröffentlichte der Wiener Direktor seinen Plan mit der Hinweisung, dass zu seiner Ausführung sich das Bayreuther Theater vortrefflich eignen dürfte. Er glaubte also für einen reintheatralischen Versuch auf dem Gebiete des rezitirten Schauspiels die rechte Sphäre, worin der Versuch zu seinem „Style" gelangen könnte, in dem völlig eigenartig und aus bestimmtesten Absichten geschaffenen Bayreuth gefunden zu haben! — Ein kurioses Missverstehen, welches zwei diametral einander entgegengesetzte Dinge, das organische Kunstwerk und das moderne Theaterexperiment, in Eine Kategorie zusammen warf. Für diese gäbe es höchstens etwa die gemeinsame Etikette: „Abweichung von der Konvention durch Konzentrirung der schauspielerischen Kräfte auf ein bestimmtes künstlerisches Objekt unter extraordinären Verhältnissen der theatralischen Ausführung." — Dingelstedt's Einrichtung des „Faust" hatte denn auch gar nichts mit der schweren Frage der Stylbildung zu thun. Sein Hauptaugenmerk war auf eine gewisse Verständlichung der Handlung als solcher gerichtet gewesen, welche u. A. durch die verwogene

Identifizirung des Erdgeistes mit dem Herrn des Himmels, und des Euphorion mit dem Homunculus herbeigeführt werden sollte. Solches Verfahren erinnert an die beliebte Verständlichungsmanier moderner Opernregisseure, welche etwa die Handlung des „Tristan" durch Wegstreichen der dramatisch-psychologischen Zusammenhänge dem Publikum begreiflicher machen wollen.

Ganz anders griff die Sache der Schauspieler Otto Devrient an. Wie überall bei den bisher beobachteten wirksameren Reformversuchen oder Konventionsbrüchen, so handelte es sich auch bei seiner Arbeit nicht um eine organische Fortentwickelung aus vorhandenen Keimen, sondern um ein Zurückgreifen auf ursprünglich vorhanden gewesene Gestaltungen. War es einstens versucht worden, die Stylverschiedenheiten der alten Mysterien durch die räumliche Scheidung in eine dreifache Scene wenigstens äusserlich zu Einem Bau wieder zu vereinigen: so wandte nun auch Devrient dasselbe Mittel der lokalen Konkurrenz an, um dem „Faust" in der Form eines modernen Mysteriums, und in drei Tagewerken, zu einer Art monumentalen Styles seiner theatralischen Erscheinung zu verhelfen. Da aber Goethe selbst sein Gedicht nicht in der Mysterienform verfasst hatte, so blieb diess immer eine eben so bedenkliche als schwierige Aufgabe, und gerade eine strenge Durchführung musste in allerhand Missstände und barocke Absonderlichkeiten hineingerathen. Nichtsdestoweniger mag die Faust-Aufführung in solcher, einem gebildeten Publikum sichtlich kurios-interessanten Form noch zu einer Mode unserer Tage werden; und zwar ist auch hier wieder die Mode noch nicht die schlechteste zu nennen, wenn sie auch leichtlich zu noch grösserer Verwirrung über den Begriff des Styles für das deutsche Theater führen dürfte.

---

8. Neubildungen.

Bis jetzt blieben wir noch auf dem Gebiete des wirklichen Theaters, welches wir aus einem stehenden zu einem wandernden, und aus einer Stätte für Repertoire-Bereicherungen zu einer solchen für Spezial-Experimente werden, ja, zuletzt noch durch die Einrichtung der „Mysterienbühne" sich an sich selbst bedeutend verwandeln sahen. Wollten wir nun dieser ganzen, sehr beachtenswerthen Bewegung s. z. s. ein Wort in den Mund geben, womit sie ihren Charakter ausspräche, so wäre dazu wieder eine thematische Gegenstellung unseres leitenden Heldenspruches zu benutzen. Das deutsche Theater, so lange auf dem Staubhaufen der Konvention gefesselt, bemüht sich der Welt einmal zu zeigen: „Ich kann auch anders"; aber es hat dabei noch nicht so viel Festigkeit des Styles und daher eigene Ueberzeugungsfreudigkeit erlangt, um in irgend einer Gestalt von sich sagen zu können: „Ich kann nicht anders!"

Ein solches Vermögen aus innerer Nothwendigkeit wird sich aber aus jenem Staubhaufen der theatralischen Konvention selbst, trotz allen Reformbemühungen, schwerlich entwickeln. Dazu gehört ein ganz anderer, natürlicher Boden; und wirklich sind uns auch heute noch zwei solcher fruchtbaren Gründe zur Aufziehung organischer Gebilde nationaler Kunst im deutschen Vaterlande übrig geblieben. Ich nenne sie gleich zusammen: es ist das deutsche Volk selbst, sobald es sich nur der gesellschaftlichen Mode zu entziehen, und irgend wie auf eigene Füsse zu stellen weiss: als ein realer Boden der Wahrhaftigkeit; und die deutsche Musik, sobald auch sie der Mode enträth, und „einhertritt auf der eig'nen Spur, die freie Tochter der deutschen Natur": als der ideale Grund der Wahrhaftigkeit, aus welchem höchste Kunst in erhabener Schöne auferblühen kann.

Der Lockerung der Konvention unserer stehenden Theater, die wir bisher auf theatralischem Gebiete beobachtet haben, steht zur Seite ein Heranwachsen neuer Bildungen aus der Mitte des Volkes. Wir haben schon an die Wiedererweckung der alten *Passionsspiele* erinnert. Ober-Ammergau war seit dem Beginne dieses Jahrhunderts, als es seine bedrohte Existenz durch die Huld des bayerischen Kurfürsten sich gerettet sehen durfte, das einzige bemerkenswerthe Ueberbleibsel des religiösen Volksschauspieles; und erst seit etwa 40 Jahren ward es ein Gegenstand immer zunehmender Beachtung von Seiten der Aussenwelt. 1852 ward zu Liesing in Kärnthen während der Charwoche ein Passionsspiel durch 56 Personen aufgeführt. Seit 1879 trat Brixlegg in Tyrol hinzu. Dort in Kärnthen und Steiermark, und vornehmlich in Tyrol bis nach Ober-Bayern hinein, hatte sich die fromme Sitte einer theatralischen Gottesfeier am Längsten erhalten. Bei den Bewohnern abgeschiedener Bergthäler wirkte sowohl die treue Bewahrung altväterlicher Tradition und der ursprüngliche religiöse Sinn, zum guten Werke verdienstvoll angeleitet durch eine wohlachtsame katholische Geistlichkeit, als auch ein wirklich künstlerischer Trieb, wie er bei einem, mit der Natur sinnvoll fortlebenden, Bauern-, Hirten- und Jägervolke besonders auffallend in einer schönen, naiven Holzschnitzkunst sich bekundet. Ist für die Ausbildung dieser Kunst neuerdings auch von Staatswegen manches Fördernde geschehen, und haben die Bauern in der zunehmenden Berührung mit der Aussenwelt gelernt, selbst etwas auf ihr künstlerisches Vermögen zu geben, so ist dadurch allerdings schon ein gewisser Verlust an wahrer Naivetät herbeigeführt. Jedoch bleibt ein natürliches Können vorhanden, welches in diesem Falle sehr bestimmt ein Können des Volksschlages als solchem, nicht nur eine schulmässig angelernte Manier oder eine konventionelle Bildung individueller Talente ist. Die Naivetät der Darstellung mag verschwinden; nur die Naivetät des Vermögens bleibe erhalten! Durchaus auf dem Boden des Volksthümlichen mag sich das Bauern-Spiel den Charakter einer zu künstlerischem Werthe ausgebildeten Natürlichkeit bewahren. Gedenke ich z. B.

des Brixlegger Spieles, so muss ich immer wieder mit Bedauern die Rohheit der Passionsscenen mir vergegenwärtigen, welche durch wenige ernstliche Anweisungen eines einfachen natürlich-menschlichen Geschmackes und
einer würdigen Auffassung des religiösen Stoffes wohl hätte vermieden werden
können, ohne dass dadurch der ergreifenden Wahrhaftigkeit der Vorgänge
wäre Abbruch gethan worden. Auch die Volksscenen litten dort unter
einem sehr leicht zu beseitigenden Mangel an theatralischem Geschick, indem z. B. die gemeinsamen Rufe und Schreie der Massen sich in kindlicher
Weise immer nur auf die knapp abgemessene Zeit der vorgeschriebenen
Worte beschränkten, weit entfernt also blieben von jener künstlerisch ab-
getönten Naturwahrheit, wie sie etwa bei den Meiningern sich eingebürgert
hat. Was aber Meininger Choristen lernen konnten, das würden Tyroler
Bauernspieler ohne Zweifel auch lernen können. Ist einmal durch die Zu-
lassung des grossen Publikums der reine Zauber der gemüthlichen Naivität
solcher Darstellungen gebrochen, so sollte diess wenigstens dadurch aus-
geglichen werden, dass die darin noch herrschende rohe Naivetät nun zu
einer edleren Naturwahrheit, nach künstlerischer Anleitung, sich ausbildete:
etwa wie es bei den „lebenden Bildern" desselben Spieles geschieht, nur
eben nicht, wie dort, erst allegorisch-künstlich zurecht gestellt, sondern
durchaus echt und lebendig aus dem Charakter des Spieles selber entwickelt.
Die Möglichkeiten dazu sind vorhanden. Nur dürfte niemals das Volksspiel
darüber selbst zum modernen Kunstspiel werden, d. h. zur öffentlichen
Theateraufführung aus Spekulation und um den Beifall für schauspielerische
Glanzleistungen. Nein: die volksthümliche Freudigkeit an gemeinsamer
Darstellung heiliger Vorgänge durch die eigenen, von Generation zu Generation sich fortpflanzenden Kräfte dieser einen bestimmten Dorf- oder Gau-
gemeinschaft, sie bilde den natürlichen Grund, auf welchem das Volksspiel
sich von seiner naiven Rohheit zu künstlerischem Werthe erheben, und zugleich dadurch schon die traditionell gewordenen Stylunterschiede allmählich
von innen heraus ausgleichen mag.

Es ist durchaus nicht zu befürchten, dass man dem zuschauenden
Volke damit etwa zuviel zumuthe. Vielmehr ist nichts thörichter und fal-
scher, als zu behaupten: das Volk verlange, um überhaupt durch die
Vorgänge des Spieles ergriffen werden zu können, eine seiner alltäglichen
Gewöhnung entsprechende Rohheit der Darstellung. Erstens entspricht die
Rohheit, wenn auch vielleicht seiner äusseren Gewöhnung, so doch nicht
seinem inneren Wesen. Dasselbe, was in der Volksseele als das Bedürfniss
und das Empfinden religiöser Erhebung über die Rohheiten der realen Zustände lebt, — dasselbe, was in manchem entscheidenden Falle plötzlich
als ein von der Bildung unerreichbares richtiges und zartes Taktgefühl
beim Volke sich zeigt, — was auch immer wieder aus dem Schoosse des
Volkes die merkwürdigsten Kundgebungen des edelsten Vermögens Mensch
zu sein, in den Geburten unserer grossen Nationalhelden und Volksgenien,

siegreich hervorgehen lässt: dasselbe ist auch den künstlerischen Darbietungen gegenüber als ein unbeschränktes Vermögen, durch das Erhabenste
und Reinste sich am Tiefsten bewegen zu lassen, der ehrfürchtigen Würdi-
gung und sorgsamen Beachtung des wahren Volksfreundes im höchsten
Maasse werth. Will man diesen schönen Namen verdienen, so fühle man
sich vor Allem dazu verpflichtet, dem Volke gar nicht zuzumuthen, dass
man mit den Mitteln der Kunst nur auf die rohe Seite seines Aeusseren
oder auf seine sogenannte Unbildung spekulire, und dass man etwas, wodurch es erfreut und erhoben werden soll, erst nach dem Maasse einer
vorausgesetzten Niedrigkeit und Plumpheit seiner moralischen und geistigen
Anlagen zuschneiden zu müssen glaube. Im Gegentheil: hier gilt durchaus,
was Schiller von dem Verhältnisse zwischen der Bühne und dem Publikum überhaupt gesagt hat. „Das Publikum braucht nichts als Empfänglichkeit, und diese besitzt es. Es tritt vor den Vorhang mit einem
unbestimmten Verlangen, mit einem vielseitigen Vermögen. Zu dem Höchsten bringt es eine Fähigkeit mit; es erfreut sich an dem Verständigen
und Rechten, und wenn es damit angefangen hat, sich mit dem Schlechten
zu begnügen, so wird es zuverlässig damit aufhören, das Vortreffliche zu
fordern, wenn man es ihm erst gegeben hat."

Dieser Empfänglichkeit der Volksseele, als dem echten und festen
Grunde zur Ermöglichung aller grossen Thaten, auch der wahren und
schönen Kunst, — ihr ist man es schuldig: nur das Beste und Echteste
aus dem künstlerischen Vermögen des nationalen Genius ihr darzubieten.
Sagt doch auch Goethe: „Man kann dem Publikum keine grössere Ach-
tung bezeigen, als indem man es nicht wie Pöbel behandelt", und er fügt
hinzu: „blos dadurch, dass unsere Lage erlaubt, Aufführungen zu geben,
woran nur ein erwähltes Publikum Geschmack finden kann, sehen wir uns
in den Stand gesetzt, auf solche Darstellungen loszuarbeiten, welche allgemein gefallen". („Weimarisches Hoftheater", 1802.) Von dem Vollendeten, in sich stylistisch Abgeschlossenen, wahrhaft Würdigen und Erhabenen
wird auch das schlichte Volksgemüth sich stäts ergriffen fühlen, und mehr
wahrscheinlich, als ein modern gebildetes Publikum, welches mit der Kritik
der Konvention an alles Neue und Ungewöhnliche herantritt, und immer
erst ein fertiges „Urtheil", wie den Wappenschild des Zeitgeistes, zum
Schutze gegen jede etwa unwillkürliche, reinmenschliche Ergriffenheit, mit
geistreicher Fürsorge sich vorgehalten wissen will.

Es wäre wahrlich eine grosse Sache, wenn an Stelle der bereits ab-
welkenden Konvention unserer stehenden Theater, wo Schauspieler-Gesell-
schaften und Privat-Unternehmer berufs- und geschäftsmässig für das Vergnügen des Abends sorgen, aus eigener Initiative des Volkes heraus selbständige theatralische Festvorstellungen zu seltenen, besonders anregenden
und begeisternden Gelegenheiten in das Leben träten! Auch hierzu sind
die Anfänge schon gemacht. Die Bauern einzelner Ortschaften thun sich

zusammen und führen mit Hingebung an eine sie ganz erfüllende Sache, mit Begeisterung für einen sie persönlich betreffenden geschichtlichen Stoff, unter der lebhaften Theilnahme der gesammten verwandtschaftlichen und nachbarlichen Gesellschaft, nach langer sorgsamer Vorbereitung ein patriotisches Stück auf, — wie etwa die Kocheler den *„Schmied von Kochel"* im Jahre 1882; wobei ein energischer Anhänger der Bayreuther Kunst, Cyrill Kistler, als geistiger und künstlerischer Anreger und Leiter sich rühmlichst hervorthat. Mit solcher künstlerischen Nachhilfe, welche einer natürlichen Anlage die nöthigen Weisungen ertheilt für den bestimmten Fall einer historischen Komödie, kann hier wirklich eine theatralische Darbietung zu Stande kommen, welche mit einem Male, befreit von dem Staube der öffentlichen Bühnenkonvention, als der selbstthätige Ausdruck des Volksgeistes gelten darf. Ja, eine solche freie Bethätigung aus wahrer Lust und Liebe für ein gemeinsames Werk, ein solcher „Dilettantismus" von echter und fruchtbarer Art, äussert sich bereits auch in der bürgerlichen Sphäre deutscher Städte. In dem kleinen Rothenburg a. d. T., einer fränkischen Land-Stadt, welche an sich selber den alterthümlichen Charakter in hohem Maasse noch bewahrt hat, wird seit dem Jahre 1881 zu den Pfingsttagen ein historisches Spiel *„der Meistertrunk"* aufgeführt, an der nämlichen ehrwürdigen Stelle, wo die Vorfahren der heutigen bürgerlichen Spieler jenes, für die Geschichte ihrer Stadt sehr gewichtige Ereigniss einst selbst erlebt hatten. Zu Furth in der Oberpfalz hat man neuerdings sogar ein althergebrachtes Volksspiel aus der Siegfried-Sage, *„der Drachenstich"*, auf künstlerische Weise neu zu beleben gesucht. Aehnliches mag noch anderwärts geschehen sein. Mit besonderem Nachdrucke und zu gutem Glücke aber sind nun auch die Lutherfeste dieser Tage in die noch stille und verhohlene Reformbewegung hineingetreten.

Hier war ein Gegenstand allgemeinerer nationaler Begeisterung gegeben, woran Gebildete und Ungebildete gleicherweise herzlich und thätig theilnehmen konnten. Bedeutsam gewiss, dass man sich dabei nicht mit einigen Beispielen der so beliebten modernen Maskeraden, der sog. *„historischen Festzüge"*, allein begnügte. Diese bezeichnen im Grunde die künstlich ausstaffirte Unfähigkeit, einer bedeutenden Anregung durch eine lebendige Auffassung produktiv zu entsprechen. Nur mit einem gewissen sinnlich spielenden Esprit, im äusserlichen Kostüme bildender Kunst, versteht man da die Atome einer historischen Erinnerung auf den Faden eines momentan vorüberziehenden Vergnügens für das Auge aneinander zu reihen. Ganz anders, wenn man in Jena und Worms den grossen Reformator in dramatischen Festspielen feierte, welche durch die Betheiligung der Bevölkerung dieser Städte selbst, und zwar aller Stände, sofort hinausgehoben wurden über den Charakter blosser Theatervorstellungen, ebenso aber auch, durch die begeisterte Stimmung des allgemeinen deutschen Volksfestes, über den Charakter des *Dilettantismus*.

Unsere gewöhnlichen Dilettanten-Vorstellungen bleiben ein gesellschaftliches Amüsement von allerzweifelhaftestem künstlerischen Werthe. Können sie doch meistens nur ungeschickte Imitationen jener selbigen Unnatur darbieten, welche auf unseren modernen Theatern den Ton angiebt, und zwar sowohl, was die Wahl der Stücke, als was die Art der Darstellung betrifft. Von der frischen Naturwahrheit einer nicht berufs- und geschäftsmässig spielenden, freien bürgerlichen Genossenschaft, davon dringt nicht leicht ein auflockernder Hauch in diese, zum Kehricht des Salonvergnügens zusammengefegten Abfälle des grossen Konventions-Staubhaufens hinein. Selbst die Damen der vornehmen Gesellschaft wissen, wenn sie ein modernes Salonstück spielen, nicht einmal mehr ihren eigenen gesellschaftlichen Ton zu treffen, der ihnen doch sonst so leicht und gefällig zu Gebote steht; nein, sie ahmen erst mühsam, unbequem und steif den falschen Ton des modernen Theatersalons nach. Eine etwa gütig einstudirende schauspielerische Kraft möchte darüber oft in Verzweiflung gerathen, wenn sie selber wirklich die Kraft zum Bessern und Rechten in sich trägt; andernfalls weiss sie freilich den Unsinn nur noch zu verstärken, und dem Ganzen erst recht den Charakter der banalen Bühnenkoketterie, einem freundschaftlich gewogenen und familiär-verständnissinnig gekitzelten Publikum gegenüber, schmunzelnd aufzuprägen.

Man mag es gerne glauben, dass es bei den Lutherfesten in Jena und Worms ganz anders hergegangen ist. Diese vereinigten Dilettanten aus allen Ständen wussten sämmtlich, was sie wollten und sollten. Sie standen von vornherein ausserhalb der theatralischen Konvention, und brachten aus einem gemeinsamen, kräftig und bestimmt angeregten Interesse für den grossen Gegenstand ihre eigene Freude und Begeisterung zum dramatisch gestalteten Ausdruck. Das Gewöhnliche (hier als das lebendig und gegenwärtig Vorhandene: die deutsche Stadt) gab sich hin an das Ausserordentliche (hier als das gleich lebendig und gegenwärtig mitten in jenes Hereintretende: die Feier Luther's und seines nationalen Werkes). — Welch ein Glück für den Dichter eines solchen Festspieles, dass er ein Mal frei sich fühlen durfte von jedem konventionellen Zwange für unser modernes Theater dichten zu müssen, also von vornherein, wenn er nicht ein akademisches Buchdrama schreiben will, an Rollenfächer und schauspielerische Talente, an herkömmliche dekorative und scenische Verhältnisse, an Interessen, Meinungen und Neigungen von Direktoren und Abonnenten der Hof- und Stadttheater denken zu müssen! Nun arbeitete er seine historischen Scenen frischweg aus, im Sinne einer dichterischen Unterlage für eine grosse volksthümliche Bethätigung des allgemeinen Gedankens: „Diess war unser Luther, den wir selber heute bei uns feiern wollen!" Es sind Bilder der nationalen Erinnerung, in welchen diese Erinnerung selbst, als das oft unbewusst und dennoch treu bewahrte Innere des Volksgemüthes, aus sich herausgestellt und verwirklicht erscheint, verwirklicht durch ein gemein-

5*

sam mitlebendes S c h a u e n, welches auch Dichter und Publikum innig verbindet. — Wir wissen, wie prächtig es gerade einem unserer Gesinnungsgenossen, H a n s H e r r i g, gelungen ist, beseelt von dem schönen Geiste dieses Glückes, das Lutherspiel für Worms zu dichten. — Aber auch der leitende schauspielerische Künstler, bei einer solchen Aufgabe, inmitten einer ganzen, für dieses ihr eigenstes Fest thätig bewegten Stadtbevölkerung, wie mochte er noch daran denken, den Manieren der Theaterkomödie die Motive zu einer „stylvollen" Einstudirung zu entlehnen! Nein, er durfte sich ganz als Künstler fühlen, welcher nicht nur seine Komödie und seine Rolle spielt, sondern mit der freien Bethätigung seines künstlerischen Vermögens, durch die einfachsten Anweisungen des künstlerischen Geschmackes und Geschickes, den in das Ungewöhnliche gestellten N i c h t schauspielern nur die Verlegenheit zu benehmen hat, die es eben nicht wagt sich natürlich zu geben, und der ihnen dadurch erst die rechte, unbeschränkte Freudigkeit verschafft, um im bewussten Gefühle einer wohlgestalteten Gesammtleistung ein Jeder seinen Mann mit Würden stehen zu können. — Und welch ein Wohlgefühl endlich auch für das Publikum, dieses Befreitsein von der kritischen Noth, immer nach dem nächsten „Interessanten" in der theatralischen Novität zu spähen! Wird es ja nun in jedem Momente durch die lebendige Theilnahme des Gemüthes an die längst vertrauten Gestalten auf der Bühne gefesselt! Tritt ihm doch hier das eigene feiernde Gedächtniss in den schlicht bedeutsamen scenischen Bildern unmittelbar lebendig ergreifend vor das Auge! Auf diesem künstlerischen Lebendigwerden des Allgemeinsamen beruht die unvergleichliche Wirkung solcher dramatischen Darstellung.*)

---

*) Als ein nicht ganz bedeutungsloses Kuriosum möge hier folgende Berliner Zeitungsnachricht vom November 1884 zitirt werden:

„Eine interessante Aufführung fand am vorigen Freitag durch Angestellte der Bolle'schen Meierei statt. Herr B. sorgt aufs Väterlichste für seine Leute. So hat er ihnen eine mit einer Orgel versehene Halle gebaut, in welcher alle Woche einmal ein religiöser Vortrag gehalten wird. Sie selbst haben unter sich sowohl einen Gesangs- wie einen Bläserchorgebildet, auch schon mehrmals kleinere theatralische Aufführungen veranstaltet. Diessmal hatte man sich an ein ziemlich schweres Werk gemacht, nämlich an Hans Herrig's „Lutherfestspiel". Schon seit Monaten hatte man die Dichtung nach Leitung des Herrn B. und seiner beiden Söhne einstudirt und die Mitwirkenden, darunter fünf Buchhalter, die übrigen Kutscher und Burschen, sich ihren Mühen mit dem grössten Eifer unterzogen. Die Vorstellung selbst muss als im hohen Maasse gelungen bezeichnet werden und versetzte die Versammlung in eine ernste Stimmung. Um so anspruchsloser sich das Ganze gab, um so zwingender wirkte es. In die „feste Burg" stimmte die Versammlung kräftig ein. Herr B. und die Seinen können jedenfalls mit Stolz auf diesen Abend zurückblicken, dem Dichter aber muss es zur Freude gereichen, auf die Volksthümlichkeit seines Werkes hier eine unbestreitbare Probe gemacht zu haben. Wenn alle Arbeitgeber sich ihrer Leute so annähmen, wie Herr B., so würde das Verhältniss zwischen Arbeitgebern und Arbeitnehmern vermuthlich bald ein anderes sein." (D. Tgbl.)

Kam nun noch gar in Worms das merkwürdige Ereigniss hinzu, dass die evangelische Geistlichkeit dem Volke ihre Kirche einräumte, so dass hier in der That die dramatische Feier nach langen Irrwegen durch die Welt der Wirklichkeit wieder an ihre religiöse Wiegenstätte einkehren durfte: wie bedeutsame Ausblicke in die Zukunft der dramatischen Kunst dürfte uns diese neueste Erfahrung wohl eröffnen? Wir ahnen die Heranbildung einer neuen idealen Sphäre, welche volksthümlich im Kerne, künstlerisch in ihrem Werthe, und religiös in ihrem höchsten Ausdrucke wäre. —

Blicken wir damit auch noch weit hinaus über das, was thatsächlich erst in seinen Anfängen und sehr vereinzelt sich uns darbietet: so tritt uns doch zugleich noch ein anderer Umstand zur rechten Stärkung unserer gewagten Hoffnungen leuchtend vor Augen.

Jenen Regungen im Volke gegenüber, hat auch die Kunst schon selbst, und zwar in dem allerfreiesten Reiche ihres Idealismus, auf dem Grunde der deutschen Musik, ein Ideal von religiös geweihter, künstlerischer Wahrhaftigkeit uns aufgerichtet.

Die leichtfertigen und sinnwidrigen *Mode*-Toiletten fallen nacheinander ab, und die edelen, schönen, starken Formen eines deutschen Styles treten aus dem staubigen Plunder der Gewohnheit allmählich freier und klarer hervor, um in einem grossen künstlerischen Lebensbilde die Idealisirung des Theaters vollendend zu bethätigen. —

9. Das Bayreuther Theater.

Die in den vorigen Abschnitten beobachteten neueren Regungen, auf dem Gebiete theatralischer Kunst mit den Konventionen zu brechen, sind in Deutschland augenscheinlich erst dann zahlreicher an den Tag getreten, als ein gründlichster Bruch dieser Art ein Mal gelungen war: nämlich seit der Erbauung des Bayreuther Theaters, und vornehmlich seit den ersten Festspielen dort. „Gewerbefreiheit" und „Freizügigkeit" als solche haben nur die Ausführung hier und da erleichtern können. Es bedurfte vor Allem des edelen und freien Beispiels, der ersten Erscheinung des Ideals, auch wenn es noch nicht vollkommen erkannt werden mochte, und nur erst als merkwürdige Möglichkeit angestaunt ward. Gewiss haben auch Erscheinungen wie die „Meininger" mitgewirkt als Vorbild und Anreiz, bei theatralischen Darbietungen künstlerisch zu verfahren; doch blieb hier die reformatorische Bewegung noch an der Grundform des Repertoire-Theaters haften, wenn es auch mitunter auf die Wanderschaft ging, und sie bezog sich mehr auf die Darstellungsweise und die Bevorzugung der klassischen Spezialität, als auf die ganze Kulturstellung des Theaters in der modernen Welt. Gewiss auch diente Ober-Ammergau zunächst als Vorbild für die später aufkommenden Passions- und Volksspiele; wenn auch solche Nachahmungen erst in neuester Zeit sich mehren, und darin zum Theil der Einfluss der in der Aussenwelt überhaupt sich stärker regenden

Reformbewegung zu erkennen ist. Aber es ist zu bezweifeln, ob wirklich die zuletzt beobachtete Verbreitung der Reform bis in die Kreise deutscher Bürgerschaft, und über dramatische Nationalfeiern, gerade jetzt in Fluss gekommen wäre, wenn nicht allmählich, halb noch unbewusst, der Gedanke von Bayreuth, als eine Thatsache der Zeit, im Volksgemüthe schon Wurzel gefasst hätte. Auch muss man sich daran erinnern, dass dieser Gedanke von Bayreuth nicht erst seit der Grundsteinlegung des Theaters in die Welt gedrungen ist, sondern dass er seit Jahrzehnten bereits ausgesprochen und bei immer neuen Versuchen zu seiner Durchführung nachdrücklich wiederholt worden war. Selbst diejenigen Theaterfreunde, welche des Meisters Meinung nicht verstanden, ihn vielmehr verkannten und anfeindeten, mussten doch nach und nach wieder lernen, sich mit jenem altklassischen Gedanken zu beschäftigen: dass man es mit dem Theater wohl auch einmal „anders" halten könnte, als wie bisher.

Das Bestreben der Klassiker nach einer Theaterreform, und zwar in dem Sinne einer „Idealisirung" des Theaters durch eine deutsche Stylbildung, diess war jetzt wieder in das Leben getreten in der Gestalt, in den Werken und im Gesammtwirken eines neuen Meisters deutscher Kunst. Mochte man auch so thun, als ginge man daran mit überlegenem Wissen und Können vorüber, so blieb doch etwas davon an einem Jeden hangen, dem daran gelegen war, etwas für die theatralische Kunst zu thun, wenn auch mit möglichster Verächtlichkeit gegen fremde Leistungen und selbstbewusster Werthschätzung der eigenen. Dass Dingelstedt seinen Faust „in Bayreuth" aufführen lassen wollte, wissen wir schon. Sollten wir nun etwa noch mehre wandernde Nibelungen-Theater, oder dergleichen, erleben, so würde sicherlich deren Jedes sich einbilden, oder doch das Publikum glauben machen wollen: das sei nun ein in Fluss gekommenes und populär gewordenes „Bayreuth". Dass aber sowohl das Kocheler Bauernspiel wie die Wormser Lutherfeier angeregt worden war durch wirkliche, thätigste Freunde der „Bayreuther" Sache, insbesondere aber in Worms auch das Gedicht verfasst von einem geistvollen Vertreter der „Bayreuther" Ideen, die scenische Einrichtung vorgenommen durch den ruhmvollen Leiter der „Bayreuther" Scene selbst, und die musikalische Begleitung besorgt durch einen schön begabten, der neuen Kunst eifrig die Wege bahnenden Mithelfer bei den „Bayreuther" Aufführungen: — diess Alles ist nicht nur schon mehr als ein zufälliges Zusammentreffen, sondern auch weit mehr und ganz etwas Anderes, wie das bisherige verhohlene und scheue Nachtasten oder klügliche, wenn nicht klägliche, Ausnutzen vereinzelter Momente des Bayreuther Werkes. Es ist eine im guten Herbste herangereifte Frucht von dem starken, wurzelfesten Baume, den der Meister des deutschen Styles sich dort auf seinen Bayreuther Hügel gepflanzt hat.

Hier stehen wir wieder auf *klassischem* Boden, und hier erfüllte sich die *klassische Arbeit* Goethe's und Schiller's, welche wir als die Idealisirung des

Theaters bezeichnen durften. Hier finden sie sich wieder zu innigem Bunde zusammen, jene grossen elementaren Kräfte, welche die Klassiker zur Schaffung eines monumentalen Idealstyls organisch zu vereinigen gesucht hatten. — Auf den Bühnen der *Modewelt* draussen, die das klassische Erbe verthan, da war Shakespeare's phantastischer Realismus inzwischen aufgegangen in der phantasiebaaren, aber witzsüchtigen, realistischen modernen Komödie; und an Stelle des schönen Hellenismus, welcher die Bühne selbst nach antikem Vorbilde in eine ideale Sphäre entrücken sollte, war schliesslich das nichts weniger als ideale moderne Spekulations-Theater getreten. Während also diese beiden altklassischen Helfer auf Nimmerwiederfinden auseinander gesprengt waren, schien wohl dagegen das geheimnissvolle Dritte, welches den Klassikern in dem Bunde der reformatorischen Kräfte noch gefehlt hatte, — schien die Musik in der That über Beide gesiegt zu haben. Aber was dort im modernen Opernhause unter dem Beifall des deutschen Kunstgeschmackes seine Triumpfe feierte, — Triumpfe, die vielmehr den Sieg Rossini's über Beethoven und Meyerbeer's über Weber theatralisch-öffentlich bestätigten, — das war ja gar nicht der grosse Geist der deutschen Musik! Das war sein täuschendes Scheinbild, der musikmachende Kosmopolitismus, der mit allen Mitteln des theatralischen Effektes nur spielte auf einer Bühne, die doch dabei immer noch in einem gewissen Nebel von Klängen und Wirkungen schwamm, welche, abgesehen von ihren spekulativen Zwecken, idealischer Natur waren. Musikalische Klänge, dramatische Wirkungen — wie sie einem modernen Realismus ohne Erhabenheit, einem modernen Maskenspiele ohne Schönheit auf der gleichzeitigen Schauspielbühne versagt bleiben mussten. Denn so gewaltig ist die ätherische Himmelskraft der Musik, dass sie selbst das Widerwärtige noch zu verklären, selbst das Unkünstlerische mit einem Scheine des Idealen zu bekleiden vermag. Diess war der selbe, geheimnissvolle Zauber, vor welchem auch schon die Klassiker in tiefe Verwunderung gerathen waren. Wir haben Herder's grossartige Prophetie vernommen, und wir kennen Schiller's schönes Wort an Goethe (29. 12. 97): „Ich hatte immer ein gewisses Vertrauen zur Oper, dass aus ihr, wie aus den Chören des alten Bachusfestes, das Trauerspiel in einer edleren Gestalt sich entwickeln sollte."[*]) In diesen und ähnlichen Aeusserungen hatten sich die

---

*) Zum Weihnachtsabend des Jahres 1800 schrieb Schiller an Goethe: „Hier erwartet Sie die „Iphigenia", von der ich alles Gute hoffe. Die Musik ist so himmlisch, dass sie mich selbst in der Probe, unter den Possen und Zerstreuungen der Sänger und Sängerinnen, zu Thränen gerührt hat." Goethe aber schickte ihm noch zum Sylvester den Tankred, und zwar ohne Chor. — Als eines der kleinen symbolischen Kuriosa, an denen das Leben der Weltgeschichte, wie jedes Einzelne, so reich ist, weil im Herzen der Welt und des Menschen selber ein Reichthum an Symbolik gehäuft liegt, mag man den scherzhaften Zufall betrachten, dass das erste Wort, welches Schiller an Goethe richtete, als unser Jahrhundert, das Säkulum des musikalischen Dramas, begann, die gemüthliche Frage war: „Werden Sie in die Oper

Klassiker bedeutsame Ahnungen davon merken lassen, was die M u s i k müsste wirken können, wenn es ihr einmal gelänge aus ihrer eigenen idealen Natur heraus auch dem deutschen T h e a t e r einen künstlerischen Styl zu gewinnen. Musste der nicht so reinmenschlich-ideal sein, wie der schönste Hellenismus, nicht zugleich so urgermanisch-wahrhaft, wie der mächtigste Shakespeare? Wenn nur die Sprache der Musik einmal wahrhaft zum freien W o r t e käme in einem Drama, welches durch s i e idealisch beseelt würde, und das i h r e tönenden Wunder wiederum plastisch gestaltete! Und wenn sie diesem ihren Drama, dem sie die Sprache gegeben, auch das H a u s baute, wie sie doch einst das Opernhaus gebaut für jene, dem Ideale entfremdeten Virtuosenkünste, denen sie in fremder Zone verfallen war, bis B e e t h o v e n der D e u t s c h e sie befreite!

Dieses Beethoven grosser Schüler war R i c h a r d W a g n e r. Er trat das Erbe der Klassiker unmittelbar an, über den Verfall der Zwischenzeit fort. Denn er besass das Wundermittel des *Pontifex*, womit sich die Brücke bauen liess, die Brücke und auch die Bühne für den Einzug der Musik Beethoven's, der deutschen Musik in das deutsche Theater. Er verdankte dieser Musik im Gesange die ideale S p r a c h e, welche es den Klassikern nicht hatte gelingen können, ihren realistischen Schauspielern nach dem Takte des tragischen Verses in den Mund zu legen. Er hatte auch das ideale D r a m a, jene nur durch die Musik realisirte „mythische Tragödie", auf welche das hellsichtige Auge der Klassiker ahnend geblickt, welche Goethe als eine grossartige Allegorie ausserhalb des Theaters in seinem „Faust" ein Leben lang gedichtet, wonach Schiller noch auf dem Sterbebette verlangt hatte, als er, an seinem „Demetrius" zu Tod ermattet, nach „Märchen und Rittergeschichten" rief. Er hatte endlich das i d e a l e T h e a t e r, ja, er trug es längst im Kopfe und auf dem Herzen, bis er es nach dreissigjährigem Kampfe auf der Bayreuther Höhe erbauen konnte: das Theater für das musikalische Drama, eine abgesonderte, eigenartige festliche Stätte für ideale Kunst, wie sie dort, entzogen den Moden und Spekulationen, nur um ihr selbst willen in's Leben gerufen und gepflegt werden sollte, — ein Theater nach Art des griechischen, und doch durchaus deutsch, wie die Musik, die darin ertönt, wie der Meister, der es aus der Nothwendigkeit dieser Musik heraus geschaffen hat.

Nun dort auf jenen Hügel von Bayreuth selbst wieder heimgekehrt, nach allem Umherschweifen durch die Geschichte des deutschen Theaters, sehen wir es recht deutlich und empfinden es dankbar: wie da wahrlich dem k ü n s t l e r i s c h e n M e n s c h e n in uns eine neue H e i m a t h aufgethan ist! — Alles Schönste und Beste, was sich draussen auf theatralischem Gebiete jemals und neuerdings begeben hat, in Mitten des gesammten, von der Konvention beherrschten Weltgetriebes hatte sich diess doch immer auf das Schwerste abzumühen mit der fast unmöglichen Befreiung von dem Charakter eines Experimentes, das auch wohl wie eine Spekulation missglücken, wie ein Wetterzeichen verschwinden konnte. Vom organischen Werden und Wachsen war da wenig zu bemerken. Woraus aber schöpfte gerade die Kritik an Bayreuth den Vorwurf, dass es nicht „organisch" aus dem deutschen „Kunstleben" hervorgewachsen sei? — Aus der ängstlichen Ahnung, dass eben nur dieses „Bayreuth" ein lebendiges Beispiel von durchaus organischer Eigenart sei! Aus der inneren Nothwendigkeit einer bestimmten, einzigen Künstlernatur geschaffen, krönt es zugleich eine grosse Entwickelungsreihe nationalen Kunstwirkens, als das in sich abgeschlossene Symbol eines neuen Kunstlebens. Auch die volksthümlichsten und bedeutendsten Regungen zur Befreiung der theatralischen Kunst aus dem Banne des herkömmlichen Bildungs-Amüsements, sie vermögen es aus sich selber nicht, an die Stelle jener städtischen Moden, für den künstlerischen Ausdruck einer Nation einen idealen Styl zu setzen, d. h.: aus dem Geiste des Volkes das Werk der klassischen Künstler zu vollenden. In Bayreuth dagegen sehen wir die thatsächliche Erfüllung eines solchen idealen Styles. Und dieser Styl erscheint in organischer Entwickelung emporgewachsen und fortgebildet aus einem frei bewahrten Grunde des idealen Volksgeistes: das ist unsere deutsche Musik.

In der Musik ist der deutsche Geist zur Lebenskraft und zum Seelen-Athem des neuen Kunstwerkes geworden; durch sie hat er diesem Kunstwerke auch, von Innen heraus, das einzig mögliche und richtige Haus gebaut. Wer dieses Haus mit dem rechten Verständniss betrachtet, der müsste seiner Betrachtung ein hohes Glück verdanken — das Glück nämlich: die unbezweifelbare Wahrhaftigkeit des Ideals selber schauen zu können. Was uns die Musik in ihren erhabensten Manifestationen unmittelbar empfinden lässt — dass das Ideal lebt, — in einem solchen Bau verkörpert es sich zur idealen Wirklichkeit. Ich meine nicht die äusserliche Form des Baues, woran unsere fachmännischen Kunstkenner sofort denken werden, wann von einem Ideale die Rede ist, welches an einem Werke der Architektur erschaut werden solle. Ich meine auch gar nicht die „Architektur, sondern den Bau, den „hohen herrlichen Bau", der dort „zur Schau" steht. Das Ideale an ihm ist eben jene innere Nothwendigkeit seines Gewordenseins, ja seines Daseins, welche einzig in den Lebensbedürfnissen und Daseinsgesetzen der idealen Kunst selbst begründet liegt. Ueberall hat die Kunst entweder in alten Konventionen sich einmiethen und sie nach den momentanen Umständen neu tapezieren lassen müssen, sie hat mit Reminiszenzen und Imitationen aller Art experimentirt; oder sie hat auch einmal das bessere Theil erwählt und ist gleich in die

Kirche selbst eingezogen, um nur des elenden Kampfes mit dem Opernhause ledig zu sein. Hier aber musste die Kunst sich ihr eigenes Haus bauen. Sie musste es bauen, um leben zu können! —

Organisch aufgewachsen war das Künstlerleben, durch alle Perioden fast vernichtender Kämpfe, Nöthe und Entsagungen, immer geradesweges empor bis an dieses sein letztes Ziel. Das letzte Ziel liegt für einen Jeden endlich in einem Anderen, als in dem Leben selbst. Solch ein letztes Ziel wird uns dann wohl noch in einem edelen Grabmonumente idealisirt vor Augen gestellt. Das ist nun ein Symbol, welches dieses ganze, an sein Ziel gelangte Leben in sich zusammenfasst und krönt. So ist auch das Bayreuther Theater ein bedeutungsvolles Monument auf dem Grabe eines grossen Lebens. Wie ein jedes Grabdenkmal ein Zeichen dafür ist, dass hier der Tod besiegt ward, so ist auch dieses Haus ein Zeichen solches Sieges. So lange es steht, wie sein Meister es gewollt hat, so lange lebt unter uns dieses Meisters Wesen. Das ist die ideale Kunst, wiedergeboren aus der deutschen Musik! —

Organisch aufgewachsen auch war durch die jammervollsten Zeiten der Geschichte unsere einzig herrliche deutsche Musik: von Bach bis Beethoven! Soweit war sie endlich emporgesprosst, und hatte sich so gewaltig in die Breite entwickelt, dass es nun zur Ernte ihrer köstlichen Früchte der sicher fassenden Formen bedurfte, der Befriedung all ihrer gewaltigen Kräfte und Vermögen in einer grossen monumentalen Anwendung auf das Leben, das ideale Leben nationaler Gesammtkunst. Da trat aus gleicher innerer Nothwendigkeit das rechte Organ solcher Ernte, Befriedung und Anwendung an seinen richtigen Platz, um das Werk zu vollenden; und dieses Organ war wiederum die natürlich entwickelte Blüthe einer eigenen, gewaltigen und nothwendigen geistigen Arbeit, der Arbeit unserer Klassiker an der Gewinnung und Gestaltung eines idealen Styles für das deutsche Theater. Dieses wahrhaft klassische Organ nahm nun die Fülle der deutschen Musik, welche nach dem idealen Leben im monumentalen Style verlangte, ganz in sich auf, und zwar an der selben Stätte der musikalischen Bühne, welche zum modernen „Opernhause" entartet war. Doch aber war diese Stätte von Anfang an auf solch ein stylvolles „musikalisches Drama" hin erdacht und erfunden worden; nur hatte jenem erfinderischen Gedanken noch das schöpferische Leben gefehlt, das ihm nicht anders gewonnen werden konnte, als aus dem selbständigen organischen Werden und Wachsen lebendiger künstlerischer Kräfte, aus der freien Entwickelung des musikalischen und des poetischen Geistes eines Volkes. Die kunstreiche *Renaissance* des Romanismus führte nur zur glänzenden Opernbühne; aber die künstlerische Wiedergeburt des Deutschthums baute uns das ernste Haus des musikalischen Dramas.

Von Innen heraus zerbrach das hochaufschwellende Vermögen des deutschen Meisters mit den vereinigten Kräften der Musik und Dichtung in dem Drange nach seiner stylistischen Verwirklichung den künstlichen Aufbau und Aufputz des bestehenden Operntheaters. Wohl war es ein gewaltig Ding, als heute vor einem halben Jahrhundert an die Stelle der Opernhäuser — der Tannhäuser trat! Schon damit war dem Opernhause das Gericht gesprochen. Dieser Tannhäuser konnte in Rom seine Absolution nicht finden, — auch nicht im romanischen Renaissance-Gebäude seine Rechtfertigung. Aber da grünte der Pilgerstab von Neuem im deutschen Lande: und aus dem Zeichen der Konvention ward durch ein lebendiges Wunder, von innen her, ein neues organisches Gewächs. Niemals heimisch war das „Kunstwerk der Zukunft" auf der Bühne der modernen Oper; wenn aber das Publikum begann sich heimisch zu fühlen im Kunstwerk, dann vergass es das Opernhaus um sich her, und um dieses Vergessen des Publikums baute sich ein phantastisches Fachwerk auf: ein Werk des vom Ideale eingenommenen und neubeseelten deutschen Gemüthes. Nun, der Meister dieses deutschen Gemüthes, welcher selbst das Ideal als eine Wirklichkeit, nicht allein in sich trug, sondern auch aus sich hinaus setzte in monumentalen Kunstwerken: er vollendete aus eigener Baukraft das Fachwerk des ahnenden Volksgemüthes. Er baute das Haus aus, das seine Zaubermacht in der Phantasie seines Publikums schon hatte als ein Vergessen des Opernhauses sich anzeigen lassen. Sein Tannhäuser verjüngte sich im Siegfried, der nun unter dem vollaufgewachsenen grünen Lindenbaume die Sprache der Natur wieder verstehen lernte, aus der Kraft der eigenen Heldenthat. Und siehe, der Siegfriedhof erhob sich auf dem Bayreuther Hügel, wohl ein Hof und Haus zur Befriedung des behren Sieges idealer Meisterschaft; und die Sprache der deutschen Natur erscholl darinnen als das verklärte Wort der universalen Kunst. Ja, und noch über die urgewaltige Nibelungen-Halle hinaus wölbte sich der heilige Tempel des Grales, in welchem nun auch das innig Göttliche deutscher Religion zu ertönen begann, um mit tiefen, lauten Glockenklängen den deutschen Geist aus der Manigfaltigkeit der „Nation" weither zu rufen in das ihm gebaute Heim und Haus.

Wer diesem Rufe folgt, — wer diesen weiten, reinen Raum betritt —, wer aus dem Dunkel des ringsum aufsteigenden Amphitheaters, über die tönende Tiefe des unsichtbaren Orchesters hinweg, das grosse Bild der scenischen Handlung als die einzig lichte Wirklichkeit eines idealen Traumes majestätisch ernst gemessen an sich vorüberziehen sieht: dem mag es wohl zu Muthe werden, als wäre da der Bau des Hauses selbst eine lebendige Welt geworden. Die innersten Grundvesten offenbaren sich in einer tiefen Nacht, aus welcher geheimnissvolle Sterne als Zauberklänge emporsteigen und das ewige Licht verkünden: das hohe Bühnenhaus aber erhebt sich darüber als der erfüllte Tag eines idealen Lebens; und gleichwie das Morgendämmern erhabener Ahnungen schwebt ausgebreitet um die offenen Pforten dieses ganzen, zwiefach-einigen Wunders der tausendfältig bewegte, doch ganz in ein einziges Lauschen gebannte Geist jener weitgespannten Vorhalle, in welcher das träumende Dasein eines Volkes athmet! Wie dieses Wunder lebendig wird im Tone und Bilde des Dramas, so schlummert es gleichsam schon in dem stummen Bauwerke des Theaters selbst; und wer allein diesen Bau mit einer für grosse Eindrücke empfänglichen Seele still betrachtet, dem sagt er in all seinen Theilen, auch schweigend, unmissverständlich das deutsche Heldenwort: „Hier stehe ich — ich kann nicht anders!" —

Hier stehen sie vor uns, in Eines verbunden: der Mann, die Kunst, das Haus. — Was sollte *organisch geworden* heissen, wenn nicht solch ein einiger Ausdruck idealer Nothwendigkeit? — Nein, hier ist nicht mehr die Sphäre der Moden und Experimente: diess ist das untrügliche Zeichen und Beispiel eines grossen, lebendigen Styles, die *Idee* der Kunst in idealer Verwirklichung. —

10. Der Bayreuther Styl.

Was den Klassikern „Ideal" gewesen war, das erscheint in dem Bayreuther Theater und in dem Bayreuther Style als eine Wirklichkeit, als ein „Beispiel". Jene grossen Dichter mussten einst wie Faust zu den Müttern hinabsteigen, um sich den Schlüssel zu gewinnen für die Beschwörung ihres poetischen Ideales in eine unkünstlerische Welt. Zwei erhabene Gestalten entschleierten sich vor ihnen, allein diese Gestalten sahen fremd einander an. „Ich bin deutsch" sagte die Eine und schlug geheimnissvoll in dem alten Buche vom Dänen Hamlet die Seiten um: „der Rest ist Schweigen!" „Ich bin schön" sagte die Andere und wies sehnsüchtig auf das holde Bild Iphigenien's an der Küste der Barbaren, „das Land der Griechen mit der Seele suchend". Die Dritte aber blieb verhüllt in ein wunderbares Gewebe von tönenden Figuren, und: „Ich bin deutsch, aber alle Welt des Schönen trage ich im Schoosse", so raunte sie singend Dem, der sie verstand. Und die Meister des Wortes und der Form stiegen herauf zur Welt und lehrten sie, was sie dennoch nicht lernte: wahr zu reden und schön zu handeln. Sie sprachen Weisheit und Begeisterung, sie bildeten Anmuth und Würde, wie Keiner vor ihnen im deutschen Land; aber nur das Eine: singen konnten sie nicht. Wenn aber die Wahrheit singt, dann wird sie schön, und wenn die Schönheit singt, dann wird sie wahr. So lange nicht die Musik jene beiden klassischen Elemente innig verband, konnte aus den Heldenthaten der Meister noch nicht das Monumentalwerk universaler Kunst, noch nicht jene eigene sichere Stätte werden, die ideale Sphäre, in welcher sich die gewaltigsten theatralischen Wunder als in dem Reiche einer höheren Natur siegreich vollziehen dürfen.

Diese erreichte „Idealisirung des Theaters", sie spricht nun zu uns aus dem schlichten Verhältnisse von Volk zu Kunst, von Musik zu Scene, von Stoff zu Form, von Sprache zu Erscheinung und wiederum von der Erscheinung zum Schauenden, wie diess der aufmerksame Betrachter in dem Bayreuther Theater und in dem dort gepflegten Kunststyle erkennen wird.

Es bleibt also nur noch die Frage: in welcher Gestalt äussert sich dieser Styl? Als welche Form des künstlerischen Idealismus stellt er sich thatsächlich dar?

Wir wissen, dass er aus dem Elemente der Musik einen idealen Charakter mit sich bringen musste, und dass er sich ein Haus gebaut hat, welches der sichtbare Ausdruck seines monumentalen Charakters ist. Nun aber soll er der Styl eines „musikalischen Drama's" sein; das Haus, darin nach Wagner's Worten die Musik ihre Thaten sichtbar werden lassen soll, ist ein „Theater". — Begreift man unter *Styl* die völlige Uebereinstimmung zwischen Inhalt und Form, und weiterhin die völlige Uebereinstimmung der einzelnen Theile oder Elemente der besonderen Ausdrucksweise, durch welche der Inhalt seine Form gewinnt: so präzisirt sich die Frage in diesem Falle dahin: wie werden die Musik des Orchesters und das Drama auf der Bühne zu einer stylistisch-harmonischen Uebereinstimmung verbunden werden können?

Sorgt die musikalische Sphäre des Ganzen von vornherein für den idealen Charakter, so kennen wir doch das Drama der neuen Zeit als ein individualistisches Charakterspiel, von weit eher realistischer Art. Mag der Musik in der Seele des Hörers wohl eine enthusiastische Hingebung an das absolut Erhabene entsprechen, — dem Drama gegenüber gilt dagegen ein detaillirtes Interesse des Zuschauers am Einzelnen, an feiner psychologischer Entwickelung, und dementsprechend nüanzirtem Spiele aller Gebärden und Mienen der Darsteller. Wollten aber andererseits die Darsteller der modernen Musik in all ihre ewig bewegten Fortschreitungen, Verzweigungen und Verwickelungen folgen, das Ergebniss könnte nur eine abschreckende Bestätigung jener Meinung liefern, wonach der Charakter der modernen Musik die *Nervosität* sein soll, — also gerade das Gegentheil eines idealen und monumentalen Styles. Diese Meinung entspringt nun aber lediglich aus einer selbst realistischen Auffassung der Musik, wobei ihr wesentlich idealer Charakter unbeachtet bleibt, oder doch nur in einer äusseren Form gesucht wird. Nur ihr affektives Element wird dabei berücksichtigt; also nicht ihre künstlerische Bedeutung, sondern ihr psychischer Ursprung aus der Willenstiefe der menschlichen Natur. Die schauspielerische Realisation des affektiven Elementes — also die unvermittelte Bethätigung des Ursprunges der Musik ohne Rücksicht auf ihre künstlerische Artung — würde jene realistische Auffassung bis zum äussersten Grade durchgeführt zeigen.

Findet sich aber nicht vielmehr in dem idealen Wesen der Musik, als Kunst, für den Darsteller ein anderes Gesetz, welches der geforderten Uebereinstimmung zwischen Musik und Drama auch eine andere Bedeutung gäbe?

Um sich von dem idealen und monumentalen Charakter der dramatischen Musik zu überzeugen, sollte es wohl genügen sie bei dem Prozesse zu belauschen, wodurch und wie sie ihre bestimmte Form gewinnt. Die Form der dramatischen Musik ist aber das einfache, unvergleichlich prägnante, plastische M o t i v. In solch einem Motivgebilde ist aller Affekt, welcher dem musikalischen Tone als solchem, als Seelensprache innewohnt, in einen abgeklärten Ruhezustand gefasst. Er wirkt nur noch als die reine innere Lebenskraft einer festen idealen Form; und wenn irgendwo Inhalt und Form sich decken, so ist es in diesem musikalischen Motiv. Es ist das vorbildliche Symbol für den ganzen Styl. Wer in diese Ruhe der Grundform noch nicht eingedrungen ist, der mag bei dem Prozess ihres Werdens und Wandelns, bei den harmonischen Uebergängen und rhythmischen Fortbewegungen der Motive von nervöser Unruhe ergriffen werden. Diese Unruhe findet aber ihre Beschwichtigung durch die völlige künstlerische Hingebung des Hörers an den selben dramatischen Vorgang, welcher auch dem musikalischen Leben der Motive die stäte bestimmte Erklärung giebt.

Das Mittel nun, welches dieses musikalische Leben mit den dramatischen Vorgängen verbindet, und worin Drama und Musik thatsächlich zur vollständigen Uebereinstimmung kommen, ist das g e s u n g e n e W o r t, die S p r a c h e des musikalischen Dramas. In diesem gesungenen Worte wird einerseits das ideale Wesen der Musik, welches im Motive Form gewann, nun auch zur dramatischen Thatsache; andererseits tritt das Drama mit dem gesungenen Worte selbstthätig in die Sphäre des Ideales ein. Fassen die Motive die unendliche Bewegung der Musik in die plastische Ruhe idealer Urbilder zusammen, so leistet der dramatischen Darstellung den selben künstlerischen Dienst das bestimmende W o r t. Diess ist, als gesungenes Wort, selber das redend auf der Scene auftretende musikalische Motiv. Im Worte des Sängers also gewinnt jenes selbe formale Element der Musik, welches ihre Motive bildet, seine natürliche Sprache.

Hieraus ergiebt es sich, dass der Darsteller auf der Bühne des musikalischen Dramas, wenn er seine dramatische Aufgabe in Uebereinstimmung halten soll mit der Musik, diess eben dadurch bewirken wird, dass seine Darstellung in stäter und strenger Uebereinstimmung bleibt mit der s p r a c h m e l o d i s c h e n B e w e g u n g seiner gesungenen Rede. Hierbei werden ihm auch Rhythmus und Harmonie, in ihrer Folge und in ihrem Wechsel, zu der richtigen mimischen Belebung und geistigen Modifikation seines Spieles die sichere Anleitung geben. Nun aber ist seine gesungene Rede doch nur die höchste ideelle Blüthe des gesammten musikalischen Elementes, welches im Orchester ununterbrochen die Handlung der Bühne nicht nur begleitet, sondern trägt, ja gewissermaassen fortwährend aus sich erzeugt. Deshalb wird dem Sänger dieses Gesammtleben des Dramas in der Musik auch die gründlichsten und umfassendsten Erläuterungen darbieten für die Gesammtbedeutung des Charakters, den er darstellen, der Situationen, in denen er sich bewegen, der Tragödie, in deren grossem Wahrspruche seine Person gleichsam wieder ein Wort bedeuten soll. Wo aber die Motive der Musik zwischen der Rede derart selbständig hervortreten, dass sie die Rede ergänzen, indem sie entweder eine verschwiegene Seelenregung zum Ausdruck bringen, oder eine vermittelnde, bedeutsame Gebärde im musikalischen Sinne bezeichnen, nämlich die seelische Bewegung in dieser Gebärde ertönen lassen: an solchen Punkten hat der Sänger, durch einen harmonischen Uebergang aus der Rede in die Gebärde, mit der musikalischen Figur übereinstimmend dem Orchester unmittelbar sich anzuschliessen. In solchen Momenten also, welche immer von entschiedener, wenn nicht entscheidender dramatischer Bedeutung sein werden, berührt sich das Drama selbst mit der Musik, über das Mittel der Sprache hinweg, und bekundet mit ergreifender Wirkung die innige Zusammengehörigkeit beider Elemente. So ist die schweigende Gebärde das dramatische Symbol des Styles, wie das orchestrale Motiv das musikalische.

Diese künstlerische Beschränkung des schauspielerischen Elementes im Drama ist also eben solch eine „löbliche lakonische Symbolik“, wie Goethe für die Anordnung melodramatischer Aufführungen sie als Regel aufstellte. Im musikalischen Drama aber bezieht sie sich auf die mimisch-plastische Begleitung der Gesangsmelodie, welche hier identisch ist mit dem inneren Sinne der Rede, in ihren grossen monumentalen Zügen. Eben dadurch wird dem ganzen Spiele sofort jener nothwendige Charakter der idealen Ruhe zu Theil, welche sich auch in den allmählichen, edel gehaltenen, und der melodischen Bewegung so schön entsprechenden Uebergängen aus Einem grossen Bilde der Gebärde in das andere ausprägt. Diess war es auch, was in dem antiken Tragödienspiele von dem künstlerischen Verständnisse A. W. von Schlegel's als eine erhabene Eigenthümlichkeit erkannt worden war, wenn er in seinen „Vorlesungen über dramatische Kunst und Litteratur“ u. A. sagte: „Die Bewegungen begleiteten den Rhythmus der Deklamation, und es wurde darin die höchste Schönheit und Anmuth gesucht. Der poetischen Behandlung gemäss musste in dem Spiel Ruhe sein, und Alles in Massen gehalten werden, sodass es eine Folge plastisch festgehaltener Momente darbot, und der Schauspieler vermuthlich nicht selten einige Zeit lang in der selben Stellung unbeweglich verweilte.“ (I. S. 100.) Der französischen Tragödie aber gegenüber äusserte Schlegel demgemäss die auch für unser modernes Schauspiel bemerkenswerthe Rüge: „Die Heiligkeit des Moments finde ich nicht genug verehrt; der Handelnde wie der Zuschauer wird immer gleich zum Folgenden fortgetrieben,“ und er fügt bedeutungsvoll hinzu: „Die Ungeduld ist überhaupt keine gute Stimmung für die Empfängniss des Schönen. Auch die lebendigste Hervorbringung der Kunst, die dramatische Poesie, hat ihre kontemplative Seite, und wo diese vernachlässigt wird, da erzeugt die Darstellung statt der inneren Musik, welche sie begleiten sollte, eben durch ihre rasche Lebhaftigkeit nur ein betäubendes Geräusch in unserm Gemüth." (II. S. 54, 55.)

Diese merkwürdige „innere Musik" führt uns zurück auf unser musikalisches Drama, worin die innere Musik laut geworden, und selbst als ein ideales Seelenleben an Stelle der mehr abstrakten „Kontemplation" eines nur rezitirten Schauspiels getreten ist. Auch hier waltet jener monumentale Styl der Ruhe, jene ehrwürdige Heiligkeit des Momentes. Wie das ganze orchestrale Leben der Musik in den Grundmotiven sich zusammenfasst, so das ganze Leben des Dramas in den gelassen auf einander folgenden, edel ruhenden Bildern der mimischen Gebärde und der scenischen Handlung. Die selbe Ruhe, welche auch im Momente der wildesten Leidenschaft die künstlerisch idealisirende Majestät einer lebendigen Plastik bewahrt: sie herrscht, als maassgebende Potenz, auch in dem Aufbau des ganzen Dramas, wie in seinen einzelnen Scenen. An Zahl beschränkt, in der Ausdehnung bedeutend, bieten diese gleichfalls stäts erhabene Bilder von monumentaler Schlichtheit und Grösse dar. Schlegel sagt einmal von der griechischen Tragödie: „Der Stoff war Mythologie, also schon Dichtung, und die vorgängige dichterische Behandlung hatte bereits in stätige, leicht überschbare Massen zusammengefasst, was in der Wirklichkeit sich vielfach zersplittert und zerstreut" (II. 114). Das selbe gilt auch von dem musikalischen Drama, sofern man unter der „vorgängigen Behandlung" nicht irgend ein bestimmtes litterarisches Produkt, sondern das typische Volksgedicht selbst versteht. Dagegen fand es Schlegel bei den Franzosen zu beklagen, dass auf ihrer Scene immer nur ganz wenige, einzelne Personen, aus jeder belebenden Umgebung losgelöst, in irgend einem gleichgiltigen „Vorzimmer", wie die Puppen am Faden der dichterischen Absicht, sich zum Bereden ungesehener Thatsachen zusammenfänden; während doch das griechische Drama wenigstens in der theilnehmenden Gegenwart des Chores, als eines idealen Volkes, sich vollzog. Nun, die gleiche, sofort auffällige, Beschränkung der Personenzahl in unserem musikalischen Drama wird hier durch die stäte lebendige Umgebung der idealen Sphäre der Musik zu vollem künstlerischen Werthe erhoben. Diese musikumgebenen Wenigen stellen nun jene „lakonische Symbolik" der grossen tragischen Wahrheiten in lebendiger Plastik dar. Auch sehen wir hier stäts nur dramatisch entscheidende Situationen, in deren einfach klaren Umrissen das Erhabene des Stoffes als schöne Form erscheint, und wo nichts Ueberflüssiges und Nebensächliches, nichts nur äusserlich Illustrirendes und geistvoll Verzierendes mit hinein zu treten und zu reden hat.

Das Wort in dem also organisirten Drama wird meistens gleichfalls in gross ausgeführten, und dabei doch nur das Bedeutende der Situation ausdrückenden Wechselreden ausgesprochen. Wer da redet, eilt nicht nur dem Nächsten das Wort zu schleuniger Weiterabfertigung zuzuwerfen, wie in der individualistisch lebhaften, spirituellen Dialektik des realistischen

Wortdramas. Wer auf dem Grund und Boden des Ideales sich befindet, — wer ein Mal in den Wunderbann getreten ist, dass er singend am Natürlichsten spricht, — wen die tragische Gewalt des mythischen Dramas selbst dazu zwingt, dieser Wundermacht völlig nachzugeben und die Tiefen seines Gemüthes im gesungenen Wort zu erschliessen: der wird auch in seiner Rede jenes grossartige Maass anwenden, welches dem gesammten Werke, all seinen Scenen und Personen eignet, und ihm den Charakter des Monumentalen verleiht. Das einzelne Wort dehnt sich im getragenen Gesangestone zu einem deutlichsten Idealgebilde menschlicher Sprache aus, und wird dadurch in einem höheren Sinne als unsere Alltagsrede: deutsch. Ebenso wird die musikalische Rede der einzelnen Person zu einer getragenen Rede und ist mit diesem, nun einmal wirklich urwüchsig-wahrhaftigen, „Pathos" des Gesanges, auch in jenem Sinne echt deutsch, in welchem einst Wagner das Andante „das deutsche Tempo" nennen konnte *).

So trifft dieser monumentale Styl des Ganzen aus eigener Nothwendigkeit auch wieder zusammen mit den monumentalen Verhältnissen des Hauses für das musikalische Drama. Das rezitirte Schauspiel verlor sich im weiten Raume des Opernhauses, wo der fern entrückte Zuschauer dem interessanten Detail seiner individuellen Charakteristik nicht mehr folgen konnte und nur noch ein verschwommenes Wandelbild von deklamatorisch schreiender oder unverständlich redender Unruhe vor sich sah. Hier aber in dem neuen Hause des musikalischen Dramas, da ist Alles wieder am rechten Ort und im rechten Takt für eine volle, unmittelbare Verständlichung zwischen Volk und Kunst. Ging doch auch gerade aus dem künstlerischen Umstande der längeren Dauer der gesungenen Einzelreden ganz natürlich und selbständig jenes schöne ökonomische Grundgesetz der scenischen Plastik hervor, welches der Meister in seinem letzten Rückblicke auf die Festspiele von 1882 besonders erwähnt hat, und das durchaus dem § 41 der Goethe'schen „Regeln für Schauspieler," also dem Idealstyle der klassischen Arbeit, entspricht. Der eben Redende tritt ein wenig zurück, während der mit seiner Rede Abschliessende sich vorbewegt, um so nun, halb rückwärts gegen das Publikum, dem Anderen zuhörend in das Gesicht zu schauen; während dieser, offen nach vorn hin blickend und singend, sowohl seinen Partner als auch das Publikum sich gegenüber hat, und dem Letzteren, unter Wahrung der dramatischen Verständigkeit, zugleich durchaus verständlich werden kann. Diess ist ein Beispiel

---

*) Einer, der aus seinem engeren Verkehre mit den modernen Leihbibliotheken, Gemäldegalerien und Abonnementskonzerten sich den geistreich-glücklichen Gesichtspunkt des „Interessanten" gegenüber künstlerischen Darbietungen angewöhnt hat, wird bei solchen dialogischen Scenen des musikalischen Dramas behaupten: „Das ist langweilig!" — da man ihn dann vielmehr dahin führen müsste einzusehen, dass es eigentlich heissen müsse: „Es langweilt mich" — und weiterhin: „ich langweile mich" — und sonach endlich: „ich bin langweilig". —

dafür, wie sich der künstlerische Styl des musikalischen Dramas, in der vollständigen Uebereinstimmung aller seiner Theile und Bedingungen, bei jedem Einzelfalle natürlich gestaltet. Denn diese einfache schauspielerische Regel entspricht gleicherweise dem Style der musikalischen Rede und der dramatischen Handlung, wie dem der Architektur des Hauses selbst, in welchem, als in der verwirklichten Sphäre des Ideales, sich Publikum und Scene vereinigen: zur verständnissvollen Darbietung und Empfängniss eines ertönenden Monumentalbildes tragischer Dichtung.

Indem aber, der Weite des Hauses gemäss, die Gebärdensprache des Spielers im engen Anschlusse an die Sprachmelodie sich auf die einfachsten und bedeutendsten Grundzüge einer erhabenen Plastik beschränkt, muss allerdings, wie bei dem modernen Schauspiele in den grossen Häusern, die feinere Wirkung des eigentlichen Mienenspieles, zumal des Auges, fortfallen. Oder man wäre wiederum auf das „Opernglas" angewiesen, welches doch nirgends weniger hineingehört, als in dieses weihevolle Verhältniss zwischen Scene und Publikum, wie es in unserem Bühnenfestspielhause stattfindet. Das Auge nun — unentbehrlich für das moderne rezitirte Drama, welches das Leben der individuellen Seele und die psychologische Entwickelung der Charaktere darzustellen sucht — das Auge wird sein Spiel auch im musikalischen Drama gewiss nicht unterlassen können, wenn anders der Darsteller seine dramatische Aufgabe durchaus mitleben soll. Dagegen wird die unmittelbare Wirkung des Augenspiels auf das Mitleben des Publikums hier in der That entbehrlich, und zwar aus dem einfachen Grunde, weil ja die intimste Psychologie des Dramas ganz unvergleichlich lebendig ausdrucksvoll und formenreich in der Orchestermusik sich offenbart. Aus dem Auge, sagt man, spricht die Seele; die gewaltigste und unmittelbarste Seelensprache aber ist sicherlich die Musik. Ja, die Musik ist in diesem Falle das Auge des Dramas, welches zum Ohre des Zuschauers spricht. Sie ersetzt damit nicht nur das lebendige Augenspiel des modernen Charakterdramas, sondern sie idealisirt zugleich den Realismus des Schauspiels selbst, gleichwie ein Blick aus dem Auge des Menschen seine ganze Erscheinung durch den Schimmer seiner ewigen Seele zu idealisiren vermag.

So tritt die Musik nun an die Stelle jenes antiken Aushilfsmittels, der Maske, welche in dem grossen Raume des Amphitheaters auf weithin sichtbar den charakteristischen Seelenausdruck der dramatischen Gestalt zum monumentalen Typus fixirte. Die Musik ist jetzt diese Maske, aber nun eben nicht mehr als „Maske" oder, wie der Römer sagte: *Persona*, wohindurch der Darsteller redet und singt, sondern als die selbst singende Seele, die allgemein-menschliche *Sonans* des Dramas. Und wie sie die antike Maske vertritt, und zugleich von ihr befreit, so bildet die Musik auch den neuen Kothurn, indem sie das tragische Drama, auf ihrer idealischen Grundlage, selber zur monumentalen Grösse eines traumhaften

Idealgebildes erhebt. Und zu Maske und Kothurn kommt noch jenes dritte
idealisirende Element des antiken Dramas: der Chor. Braucht man ja
doch nur in der für uns so bedeutsamen Vorrede Schiller's zur „Braut von
Messina" überall, wo dort der Chor genannt ist, das „Orchester" zu setzen,
und man hat ein nicht leicht vollständiger und schöner zu schilderndes Bild
unseres neuen musikalisch-dramatischen Styles, in welchem all jene mehr oder
minder künstlichen Ausdrucksmittel, deren das antike Theater zur Idealisirung
und Monumentalisirung seines Dramas bedurfte, als die lebendige Eigenart
unserer deutschen Musik vereinigt enthalten sind. Beschwichtigt ist nun
die affektive Kraft des musikalischen Elementes in den ruhig bewegten
grossen Bildern der Scene; und befreit ist das Drama von der nervösen
Unruhe des Realismus durch die gewonnene Erhebung in das Reich des
Idealen und die dadurch erwirkte Monumentalisirung seiner Erscheinung
in der Sphäre der Musik. Die Musik ruft zum vollendeten Ausdrucke ihres
unendlichen Inhaltes das symbolisch bestimmte Gesammtbild des tragischen
Dramas hervor; sie treibt aus den elementaren Tiefen ihrer idealen Natur
die edele Blüthe des menschlichen Wortes; sie zeichnet dem ausübenden
Künstler in Seele und Sinn die bedeutenden Grundzüge und die innigsten
Beziehungen seiner dramatischen Aufgabe; sie fasst die einzelnen künstlerischen Beziehungen, von aller Noth einer einseitigen Virtuosität sie be-
freiend, in das grosse Kunstgebilde eines plastischen Ensembles zusammen;
sie umgiebt dieses Ganze der dramatischen Handlung als die ideale Sphäre,
welche es zugleich trägt und durchdringt; und sie baut dieser Sphäre selber
das Haus, welches endlich den Gesammtstyl des Kunstwerkes auch zum
architektonischen Ausdrucke bringt. So ist und bleibt die Musik das eigentliche schöpferische Urwunder der gesammten Kunsterscheinung: von ihrer
unsichtbaren Tiefe aus schwingt sich der weite, edele Bogen des dramatischen
Idealstyles empor bis zu der stolzen Höhe des erhabenen Theaterbaues,
welcher der musikalischen Heimath des deutschen Geistes nun auch die
architektonische Heimstätte im deutschen Lande gesichert hat.

---

11. Das deutsche Schauspiel.

Der ideale Styl von Bayreuth bedarf jener exklusiven Stelle, jener
weihevollen Sphäre, welche wohl ein Jeder, der ein Mal den Festspielen
beiwohnte, als nur dort möglich erkennen musste, deren Zauber er sich
nicht entziehen konnte, und die er überall sonst schmerzlich zu vermissen
hat, selbst wenn nach dem Weltgesetze der Imitation die Orchester tiefer
gelegt und die Trompetensignale auf den Foyers abgeblasen werden. Aber
was dort die Sphäre des Ideales selber ist — so könnte man nun
fragen: — existirt es nicht doch vielleicht auch an anderem Orte, zum
Mindesten als ein gewisser realer Horizont für bestimmte, ernste künstlerische Thätigkeiten anderer Art?

Wir haben verschiedene Reformregungen bereits betrachtet und sind dabei eingetreten in die Horizonte der Volkspassionen und der Volksspiele, der bürgerlich-nationalen Erinnerungsfeste, ja, auch des Kunstschauspiels unter fürstlicher Huld. Alles diess könnte noch entwickelungsfähig erscheinen, wenn es ein Jedes für sich betrieben würde, und ein wahrhaftiger und lebendiger Ausdruck bestimmter, ernst genommener, innerlich nöthigender Veranlassungen bliebe, anstatt auch wieder zur konventionellen Mode zu entarten für eine dem Wesen der Kunst fremde Welt, die mit ihr nur spielen und sich zieren will.

Wo immer aber eine solche Bestrebung sich rührt, da wird der ihr innewohnende schöne und ideale Zug sich auf das Nachdrücklichste gestärkt und gesichert fühlen durch das Bewusstsein, dass das Ideal selbst irgendwo vorhanden ist. Diesem Vorhandensein einer idealen Kunst würde besonders das reformbedürftige Schauspiel mit dem rechten Muthe zur energischen und radikalen Reform auch den Wiedergewinn des Glaubens an die eigene künstlerische Würde verdanken dürfen. Blickt dieses Schauspiel heute auf unser „Bayreuth", so wird es dort ein Beispiel vor Augen haben von der exklusiven, ernsten Pflege der Kunst als solcher überhaupt, ein Beispiel ferner von der Möglichkeit einer idealen Beziehung zwischen Kunst und Volk, ein Beispiel endlich eines künslerischen Styles auf der Bühne, als der völlig übereinstimmenden Durchführung einer freien und vornehmen dramatischen Kunstdarbietung in allen ihren, zum harmonischen Ganzen vereinigten, künstlerischen Theilen. Ja, in dem Idealtheater des Bayreuther Kunstwerkes würde das rezitirte Schauspiel selbst für seine schwierigste Aufgabe, für die Ausbildung einer, seiner poetischen Würde gemäss, erhobenen Sprache ein beherzigenswerthes Vorbild finden können.

Die musikalische Sprache, in ihrer unendlichen rhythmischen Belebtheit und Vielgestaltigkeit, die doch zugleich an das strengste Maass gebunden ist, sollte es wohl vermögen, den schulmässigen Bann der Alexandriner und Jamben zu brechen, der noch bleiern auf der Rezitation des modernen Schauspiels ruht, wenn es nicht in die leere, leichte Konversationssprache sich auflösen mag. Eine eigene Abhandlung würde freilich nöthig werden, wollte man die Möglichkeit, wie das rezitirte Schauspiel von der Sprache des musikalischen Dramas lernen könnte, in das Einzelne verfolgen und zu begründen suchen. Schauspieler haben es öfters eingestanden, wie sie Wagner zum höchsten Danke sich verpflichtet fühlten, weil seine bewundernswerthe musikalische Deklamation sie über eine richtige und ausdrucksvolle Rezitation im Schauspiele selbst vielfach belehrt habe. Aber nicht allein eine Anleitung zur richtigen Deklamation würde das Schauspiel der Gesangessprache Wagner's verdanken dürfen, sondern vor Allem Das, worauf jene doch erst beruht: die in urwüchsiger Reinheit aus der Gemüthstiefe emporsprossende Kraft und Bedeutung der deutschen Sprache selbst. Ihr voller natürlicher Werth und tiefer geistiger Sinn ist da nicht mehr verschüttet durch die leichtfertige Spielerei konventioneller Alltags-Konversation, noch auch erscheint er nur in ästhetischer Rücksicht zur rhetorischen Klangwirkung verwandt. Dieser köstliche Schatz, den der deutsche Geist seiner eigenen Natur verdankt, würde dem, Schauspieler wieder zum Bewusstsein gebracht und damit zu eigen werden können. Nun würde er wirklich wieder an die „Wurzel der Sprache" geführt, und könnte von dort aus mit künstlerischer Besonnenheit die schöne Pflanze sich auferziehen, in welcher recht eigentlich das Wesen seiner Kunst, des rezitirten deutschen Schauspiels, sich verkörpert. Eine also aus dem inneren Sinne der Sprache heraus durchgeistige Rede des Wortdramas würde auch gar nicht mehr in Versuchung gerathen, über das ihrer eigenen Kunstart entsprechende Maass hinauszugehen und etwa wieder in einen hohl-pathe-tischen Sington zu verfallen. Denn jene, hiermit vergeblich angestrebte, höchste Stufe der Ausbildung eines idealen Sprachtones, welche die Klassiker, wie den höchsten idealen Styl des Dramas selber, noch glaubten auf dem Gebiete des rezitirten Schauspiels erreichen zu müssen, — diese Stufe ist ja nun eben in der vollkommenen Gesangessprache des Bayreuther Kunstwerks erreicht, wo allein es die natürliche Sprache der Sphäre des Ideales selber ist. In dieser neuen musikalischen Sprache, die von der Konvention sich ganz befreit hat, erschliesst sich eine warme, wahrhaftige Empfindung mit den energischen Akzenten des dramatischen Styles zur vollen Blüthe der Melodie. Auch im rezitirten Schauspiele würde ein hier-von ergriffener und beseelter Redner recht wohl eine gewisse sprachliche Mittelstufe idealisch vergeistigter Naturwahrheit erreichen können, ohne dass er befürchten müsste, der energisch erhobene Ton der dramatischen Kunstsprache werde einem Auditorium, dem schon die Gesangessprache des neuen Kunstwerks vertraut geworden ist, noch für eine realistische Unnatürlichkeit gelten, anstatt als ein erhabenes dramatisches Pathos richtig verstanden zu werden. Die edelsten Werke unserer dramatischen Litteratur, die goldenen Früchte der klassischen Arbeit, vornehmlich die idealischen Dichtungen Schiller's, sind in einem Sprachstyle geschrieben, welcher zur entsprechenden Wiedergabe eine gleiche Idealisirung des Sprechtones der Schauspieler erfordert. Niemals wird man diese Werke von der deutschen Bühne, deren höchste Ehre sie bedeuten, etwa um deswillen verbannen wollen, weil man eingesehen habe, dass sie die Erzeugnisse eines genialen „Irrthums" gewesen waren. Wohl war es ein Irrthum des klassischen Genius, dass er im enthusiastischen Aufschwunge der poetischen Phantasie die zum Stillstand gebrachte Wanderbühne des nur rezitirten Dramas für den natürlichen Boden nahm zur Idealisirung des Theaters über-haupt, wobei dieses in organischer Ausbildung zur weihevollen Tempelstätte aesthetisch verklärter Volkskultur sich erheben sollte. Allein dieser Irrthum beruhte auf der thatsächlichen Nothwendigkeit, welche sie als die geborenen Meister des dichterischen Wortes eben einzig auf diese Bühne gestellt hatte. Eine spätere Zeit wird in Folge ihrer gewonnenen Einsicht die Bühne des gesprochenen Schauspiels nicht mehr zu beschweren brauchen mit solchen dichterischen Bemühungen um ein Ideal, welches in seiner natürlichen Eigenart nur auf dem Gebiete des musikalischen Dramas zu verwirklichen war. Gleichwohl wird der mimische Künstler des Schauspiel-Theaters auch ferner nicht umhin können, über den dort herrschenden, nicht idealisirten, natürlichen Sprechton hinaus sich noch jenes erhobene Pathos der poetischen Rede anzueignen, welches der hohen Idealität Schiller'scher Dichtung in künstlerischer Weise entspricht. Hierfür würde ihm dann die Sprache des musikalisch-dramatischen Gesanges allerdings ein maassgebendes Vorbild bleiben dürfen, sowie die grossen Dichter selbst an der Tonsprache Gluck's eine erhabene Bestätigung und Anregung für ihr eigenes idealisches Pathos gefunden hatten. Davon aber abgesehen, was das reine Schauspiel der Zukunft pietätvoll der Vergangenheit unserer klassischen Bühnendichtung schuldet, ist es sich selber zur freien Entwickelung seines eigenen Styles in der That erst jetzt, mit der musikalischen Erfüllung jenes klassischen Verlangens nach der Idealisirung des Theaters, völlig zurückgegeben worden.

Was in diesem Style des reinen Schauspiels sich ausdrückt, und was auch bei aller Entartung und auf allen Abwegen unseres rezitirten Dramas immer wieder als sein unaustilgbares Lebenselement sich gemeldet hat: das ist der Geist des alten deutschen Volks- und Markttheaters, der germanische Realismus. Diesen wollen wir aber nicht missverstanden haben als eine naturalistische Richtung des Geistes auf das Unkünstlerische, Phantasiebaare, an die Materie als solche Gebundene. Im Gegentheil betrachten wir ihn als ein, dem poetischen Geiste der Nation zur innig verwandschaftlichen Pflege übergebenes, echt- und edelartiges Eigen des Volksgeistes, indem wir darunter eine in der Tiefe des Gemüthes wurzelnde Natürlichkeit begreifen, wie sie am Schönsten mit dem Namen der Wahrhaftigkeit sich bezeichnen lässt. Vor dem Versinken in den rohen Naturalismus, als welcher der einzig wahre Feind des Idealismus ist, wird dieser Realismus durch die intellektuale Kraft des poetischen Geistes bewahrt. Dieser selbst aber entwickelt sich als die farbige Blüthe aus dem Keime einer edelen Natur, welcher wir den heroischen Stammesnamen „germanisch" geben. In den hohen schauspielerischen Aufgaben, welche das deutsche Genie der Bühne stellt, erhebt der poetische Geist auch die realistische Kunst der rezitirenden Charakterdarstellung zu ideellem, ja idealem Werthe. Er ist es, der uns berechtigt auch dort von „Kunst" zu sprechen, wo die künstlerische „Idealisirung" jener germanischen Wahrhaftigkeit nicht die höchste stylbildende Gewalt ausübt, — wo also „das Ideale" auf der Bühne nicht in „Idealen" persönlich vor uns wandelt.

Offenbar ändert diess nichts an der hier durchgeführten ästhetischen Unterscheidung zwischen dem Idealstyle, welcher das Ziel der klassischen

Arbeit gewesen war, und dem soeben bezeichneten, poetisch - realistischen Style des reinen rezitirten Schauspiels. Nennen wir es kurz: den Unterschied zwischen Schiller und Shakespeare, zwischen deklamatorischer Lyrik und rezitirter Dramatik, — weiterhin zwischen Gesang und Sprache. Auch die realistische, der Wirklichkeit dienende Sprache trägt noch einen idealen Charakter in sich, welcher auf dem geistigen Elemente der Bedeutung beruht, und demgemäss auch ihrer Form und ihrem Ausdrucke sich mittheilt. Selbst ohne jegliche lyrische und rhythmische Ziergestaltung vermag die einfache, sich selber gebende Menschensprache, gerade je natürlicher sie geblieben ist, poetisch zu wirken, *Dichtung* zu werden, — gleichwie etwa das erste Menschenwort als solches schon das erste Gedicht des menschlichen Geistes genannt werden darf. Dem intellektualen Wesen, welches dieser immanenten Poesie, diesem natürlichen Idealismus der Sprache eignet, entspricht der poetisch-ideale Werth des realistischen rezitirten Schauspiels. Der geistige Charakter des Sprechdramas wurzelt eben durchaus in der Sprache; und wie die Wurzeln der Sprache selbst die *Ideen* des menschlichen Geistes in den Urzeichen seiner Vorstellung wiedergeben, so erscheinen die *Ideen* der menschlichen Natur selber in der Darstellung der Gestalten des gesprochenen Dramas, noch nicht zwar zu verklärten Idealen erhoben, aber charakteristisch personifizirt durch die schöpferische Kraft der poetischen Phantasie.

Bei einer etwaigen Reformirung des rezitirten Schauspiels würde es sich niemals mehr um die — nun schon vollbrachte — Idealisirung der gesammten Form des Theaters, der theatralischen Erscheinung in allen ihren Theilen handeln. Die gegenwärtige scenische Darstellung wird hier nicht aus dem Bereiche der unmittelbaren geistigen Theilnahme des realen Publikums entrückt. Dagegen wäre die Idealisirung des Theaters in ihrer lebendigsten Vollendung, in welcher sie dann auch das Publikum als ein ideales wieder in sich begriffe, eine Thatsache von mehr als nur künstlerischem, von religiösem Charakter. Es verwirklicht sich darin ein feierliches Symbol des idealen Volksgeistes, das als ein solches zu universaler Bedeutung sich erhebt, indem sich die „Nationen" im idealen Reiche der Kunst mitsammen verbrüdert fühlen; und die Natursprache solcher idealen Verbrüderung ist ohne Zweifel die Musik, der tönende Weltathem des germanischen Idealismus. Diess eben war es, was die Klassiker — weil ein anderes Feld ihnen noch nicht offen stand — „irrthümlich" auf der Bühne des nur gesprochenen, poetisch-realistischen Dramas unter entmuthigenden Schwierigkeiten und — in dem erhabenen Sinne ihrer grossen reformatorischen Aufgabe — ohne Erfolg angestrebt hatten. Im musikalischen Drama, aus deutschem Geiste künstlerisch verwirklicht, stellt es sich heute vor allen Nationen an Einer Stätte mit solcher ergreifenden Bestimmtheit dar, dass es dort auch schon allmählich sein „Volk" sich zu erziehen beginnt, — ein „Volk", welches dem Kunstwerke gegenüber nicht mehr nur als Theaterpublikum „ohne Gage mitspielt", sondern sich selber in der weihevollen Empfängniss des Idealen „idealisirt" fühlt zur lebendigen Bedeutung der mitschöpferischen Seele der Menschheit, welcher zur erweckenden Offenbarung ihres edelsten Wesens auf den Zauberruf ihres Genius eine solche höchste Blüthe der Kunst entspross.

Das rezitirte Schauspiel, wenn es seinem Wesen gemäss seine Lebenskraft aus der mimisch erregten Volksseele selber schöpft, ohne jedoch deren verklärtes Idealbild in der Offenbarung des künstlerischen Genius darstellen zu wollen, bedarf dazu auch gar nicht jener „Idealisirung des Theaters", sondern nur einer Bühne zum Spielen, einer Menge zum Schauen, wobei es eben als reines „Schauspiel" und echtes „Volksspiel" das Volk nicht so sehr „über sich" erhebt, als wie „unter sich" beisammen hält. Allein für sich selber hat es zu sorgen, dass es sich der Welt des menschlichen Idealismus, der Kunst, an jeder populären Stätte gleich würdig erhalte, indem es überall der theatralischen Verwirklichung der nationalen Dichtung dient. Denn eben jene grossen Dichtergeister, welche die Schauspielbühne einst „idealisiren" gewollt, haben mit ihrer hehren klassischen Arbeit das Schauspieltheater selbst verpflichtet, nun von der Last der Idealisirung befreit, so „ideal" wie möglich seines eigenen Amtes zu walten. Diess aber besteht in der **dichterisch veredelten und durchgeistigten Naturäusserung des mimischen Triebes der wirklichen lebendigen Volksseele.** Das ist das Drama im engeren Sinne, welches nicht, wie fast immer geschieht, zu verwechseln ist mit der äusseren Form scenischer Handlung bei der Erscheinung des Mythos aus der Musik im Idealtheater.

Eine solche Durchgeistigung der Naturwahrheit in Wort und Gebärde, welche im rezitirten Drama das Abbild des Wirklichen, anstatt in naturalistischer Nachäffung, in einer wirklich künstlerischen Nachbildung giebt, gestaltet sich aber damit schon zu einer gewissen künstlerischen *Symbolik*. Diese — sagen wir: — Symbolik der Realität (nicht also symbolische Idealisirung) lässt uns die vielfältigen charakteristischen Individuationen des allgemeinen Menschenwesens in bestimmten poetischen Gestalten verewigt erscheinen. Zwar sind es noch nicht selbst typische Idealgestalten, als die natürlichen Bewohner eines Idealreiches, das für uns nur in der Kunst Existenz gewinnt; doch aber dürfen sie uns persönlich gestaltete Beispiele der Ideen des Allgemein-Menschlichen innerhalb der Gesetze und Formen einer geschichtlichen Realität bedeuten. Es ist diess auch das selbe *„Symbolische"*, welches, auf die gesammte Handlung bezogen, Goethe kurzweg als das *„echt Theatralische"* bezeichnet hat. Er hat diese Meinung bemerkenswerther Weise ungefähr zur nämlichen Zeit zweimal geäussert. In dem Aufsatze von 1826 „Shakespeare als Theaterdichter" sagt er: „Genau aber genommen ist nichts theatralisch als was für den Klugen zugleich symbolisch ist: eine wichtige Handlung, die auf eine noch

wichtigere deutet", wozu er das Beispiel der Scene des Prinzen Heinrich
mit der Krone seines Vaters aus Shakespeare's „*Heinrich IV.*" anführt. In
den Gesprächen mit Eckermann finden wir vom 26. Juni 1826 Folgendes
notirt: „Ich fragte, wie ein Stück beschaffen sein müsse, um theatralisch
zu sein? — Es muss symbolisch sein, antwortete Goethe, das heisst: jede
Handlung muss an sich bedeutend sein und auf eine noch wichtigere hin-
zielen". Sobald der Dichter sich der Bühne bemächtigt und die mimisch
erregte Volksseele, die in ihm produktiv geworden, dort reden und handeln
lässt, so sieht der Zuschauer nicht mehr nur etwas „geschehen", sondern
„es vollzieht sich" etwas vor seinen Sinnen, was „Bedeutung" hat, wie
das W o r t selbst, diese Keimzelle der schauspielerischen Kunst, das in der
Bewegung der Mundorgane ja auch eine Symbolik der Wirklichkeit vollzieht. Die „*Ideen*" der Menschen und ihrer Geschichte reden und handeln
in der Sprache des Dichters und in der Form des realistischen Dramas,
wenn auch nicht der Musik und des Idealtheaters. Wer auf Shakespeare's
Charaktere schaut, wer in die Welt des Goethe'schen Goetz und Egmont,
des Kleist'schen Schauspiels blickt, der erkennt darin das natürlich hervor-
quellende und sich wahrhaft formende Wesen dieses durch die dichterische
Phantasie zum Symbolisch - Theatralischen durchgeistigten Realismus des
gesprochenen Schauspiels.

Hier, wie schon in dem oben angeführten Beispiele Goethe's, verbindet
sich mit den beiden Begriffen des *Symbolischen* und des *Theatralischen*, als
wie ein gleich damit einbegriffenes Dritte, der Begriff des *Historischen*.
So sagte denn auch Goethe zu Eckermann ein anderes Mal (I. 154):

> „Der Poet soll das Besondere ergreifen, und er wird, wenn dieses nur ein
> Gesundes ist, darin ein Allgemeines darstellen. Die englische Geschichte
> ist vortrefflich zur poetischen Darstellung, weil sie etwas Tüchtiges, Gesundes und
> daher Allgemeines ist, das sich wiederholt. Die französische Geschichte hingegen
> ist nicht für die Poesie, denn sie stellt eine Lebensepoche dar, die nicht wieder-
> kommt" (kann also nicht „symbolische" Bedeutung gewinnen).

Hier spricht einmal nicht der „Idealisator" des Theaters, sondern eben
jener Dichter des Goetz und Egmont, der Nachfolger Shakespeare's und
Vorarbeiter Kleist's und eines rezitirten Volks - Dramas der Zukunft; und
er bezeichnet damit genau die vorher genannte „Symbolik der Realität",
als des besonderen G e s c h e h e n s, angenähert der dichterischen Verall-
gemeinerung in den grossen, symbolisch bedeutsamen oder deutbaren Bildern
der G e s c h i c h t e. Von der anderen Seite des damaligen Schlachtfeldes
der poetischen Litteratur trifft aber auch T i e c k in der Charakterisirung
des symbolischen Geschichtsdramas mit Goethe zusammen, wenn er 1823
bei Gelegenheit einer Theaterkritik über den „Wallenstein", und unmittelbar
nach seiner Klage über das Unverständniss der enthusiastischen Schiller-
Verehrer für Goethe, sich folgendermaassen ausspricht:

> „Das poetische Auge des Dichters, dem sich die Geschichte seines Landes
> eröffnet, sieht und erräth auch, wie alte Zeiten in der seinigen sich abspiegeln,
> wie das Beste seiner Tage nur durch edlen Kampf oder Drangsal der Vorzeit

möglich wurde, und indem der Sänger Alles mit dem echten Sinn des Menschlichen umfasst, wird er zugleich ein Prophet für die Zukunft, er wird Geschichtschreiber, und das gelungene Werk ist nun eine That der Geschichte selber, an welcher noch der späte Enkel sich begeistert, seine Gegenwart aus diesem klaren Bilde erkennen und sich und sein Vaterland an ihm lieben lernt. Ein grosser Moment in der Geschichte ist eine Erscheinung, die sich nur dem Seherblicke erschliesst." (Kritische Schriften. III. 41. 42.)

Man möchte hier jenes Planes zu einem „Friedrich Rothbart" gedenken, von welchem einst Wagner mit letzter Entscheidung sich ab- und dem musikalischen Drama „Siegfried" zuwandte. Aber auch schon in jenen Shakespeare'schen Historien, den Erstlingen unseres geschichtlichen Dramas überhaupt, wie der ersten Schule für den natürlichen Sprechton des rezitirten Schauspiels, lässt sich solch eine „gewisse (poetische) Symbolik der (historischen) Realität" erkennen: wie in einem konzentrirenden Symbole spiegelt sich in diesem Einen zusammenhangenden Ausschnitte das Wesen der Gesammtgeschichte dergestalt, als wäre hier für ihren Inbegriff ein Wort gefunden, das ja nach unserer früheren Bemerkung stäts symbolische Bedeutung hat. Daher konnte auch Schiller nach der Lektüre dieses Dramen-Cyklus an Goethe schreiben: „Zu bewundern ist's, wie der Dichter dem unbehilflichen Stoffe immer die poetische Ausbeute abzugewinnen wusste, und wie geschickt er das repräsentirt, was sich nicht repräsentiren lässt, ich meine: die Kunst Symbole zu gebrauchen, wo die Natur nicht kann dargestellt werden." (Briefwechsel, Nr. 383.) Da sah er nicht nach seiner ästhetischen Regel „die Ideen (des dichterischen Genius) die Materie (der geschichtlichen Wirklichkeit) idealisatorisch beherrschen," sondern die Ideen dieser Wirklichkeit selbst, auf deren eigenem Boden, wie herausgelöst aus der grauen Schaale der Materie symbolisch sich bewegen, mit einem scharf charakteristischen Realismus, der doch so viel mehr darstellte, „als die Natur vermag," — nämlich das um so bewunderungswerthere Werk eines selbst fast übernatürlichen Dichters. Nur vergleichbar wäre diess etwa mit jener zauberhaften Wirkung der Tonsprache eines Gluck oder Mozart, worin unser Klassiker einst höchste Idealisirung erkannt hatte, die aber dort in jener Idealwelt zugleich doch nur die wahrhaftige Natur in ihrer absoluten Vollendung darzustellen und auszutönen schien. Als Schiller selbst zuerst zum Geschichtsdrama und der idealisirenden Richtung in verhängnissvoller Verbindung sich zuwandte, da benutzte er in seinem „Don Carlos" die Geschichte gleichsam nur als scenische Unterlage, als theatralischen Hintergrund, um nun seinen Marquis Posa als den Vertreter des politischen Idealismus auftreten zu lassen, womit diese einzelne dramatis persona also die Bedeutung eines persönlichen Symboles für eine historische Revolution des politischen Geistes der Menschheit gewann. Dabei trat aber das Geschichtliche eben so sehr hinter dem Symbolischen zurück, wie auch das straff Dramatische hinter dem wirksam Theatralischen. Allegorisch ward später die historische Symbolik in dem zweiten Theile von Goethe's „*Faust*", ironisch aber in Heinrich von Kleist's „*Hermannsschlacht*".

Diese letzte Dichtung ist andererseits für die Geschichte des rezitirten Drama's so bedeutsam, dass wir doch nicht mit der blossen Ironie ihr genug gethan zu haben glauben dürfen. Zunächst möchte sie schon als Sprachschule gleich hinter die britischen Königsdramen zu stellen sein, sowie ja auch Wagner den „*Prinzen von Homburg*" des selben Dichters wohlweislich als Prüfstein für die Fähigkeiten der rezitirenden Schauspieler auf dem modernen Theater empfohlen hat. Was wir als das Symbolische im rezitirten Drama bezeichnet hatten, jener poetische Realismus in der Darstellung der „Ideen" der menschlichen Charaktere und geschichtlichen Thatsachen, den man auch im Gegensatze zu der künstlerisch abstrakten Idealisirung den „immanenten Idealismus" der Natur nennen könnte: diess hat ein ästhetischer Geist, dessen Einsicht Tieck weit über die seine setzte, Solger, bei Kleist vor Allem zu rühmen gefunden; und wenn er ihn als den kühnen Dichter des aus dem Innersten der Charaktere sich darstellenden Wirklichen besonders in jener „*Hermannsschlacht*" bewundert, so ist es die selbe feine Empfindung für das Theatralisch-Symbolische im Historisch-Poetischen, was den Aesthetiker zu so intensiver Bewunderung dieses Werkes treibt. Hören wir aus Tieck's Zitat eines Solger'schen Briefes über Kleist (1817) nur das Folgende:

> „Was ihn mir dagegen weit über unsere Dichterlinge erhob, das war sein tiefes und oft erschütterndes Eindringen in das Innerste des menschlichen Gefühls, das er mir nur oft zu hart und roh an das Licht riss, und die ausserordentliche energische und plastische Kraft der äussern Darstellung, wovon wir in den Schattenspielen unserer Fouqué's bei allem Bombast so wenig finden. Auch im Prinzen von Homburg liegt alles im Charakter, auch hier bildet sich dieser vor unseren Augen in den Situationen und durch sie; aber die Wechselwirkung, die Gleichung zwischen beiden Seiten, die zu den höchsten dramatischen Aufgaben gehört, ist vollkommen erreicht. Es schwebt aber dem ganzen Sein und Werden des Menschen der ruhige, grossartige, dramatische Blick. Am meisten ist die Heiterkeit zu bewundern, die im ganzen Stücke vorherrscht. Sie rührt besonders daher, dass alles in seinem wirklichen, gegenwärtigen Leben aufgefasst, nichts idealisirt oder mit leeren Redensarten aufstolzirt ist. Daher auch das liebe, heimathliche Gefühl, das uns hindurch begleitet. Was den Hermann betrifft, so ist das Charakteristische hier noch überwiegender, und ausserdem die politische Richtung sehr vorherrschend. Dennoch hat das Stück eine sehr dramatische Wirkung, und weil es so sehr aus der Wirklichkeit geschöpft ist, deren Abbild es sein soll, so wirkt es beinah wie ein historisches. Im Hermann sieht man fast am meisten, wie es dem wahren Genie des Dichters gegeben war, auch das Kühne und scheinbar Ungeschickte mit Glück zu wagen, eine Gabe, die sich beinah in allen seinen Werken zeigt und oft glänzend bewährt." (Kritische Schriften. II. 56 ff.)

Das „Politische" und das „beinah Historische" lässt sich nun aber gerade bei der „Hermannsschlacht" noch ganz spezifisch als das *Nationale* bezeichnen, welches hier noch zu jenen drei vorher erwähnten Grundbegriffen für die Charakterisirung des rezitirten Dramas hinzutritt. Wie einst

Goethe mit dem „Goetz" auf seine Weise, so knüpfte Kleist damit wiederum
an das Geschichtsdrama Shakespeare's an und erfüllte dergestalt, auch sehr
auf seine Weise, den Wunsch Tieck's, der einmal, als er von dem Niederschlag des englischen Theaters auf das deutsche in jenen ersten historisch-
poetischen „Haupt- und Staatsaktionen" sprach, mit den Worten fortfuhr:

> „Es ist zu beklagen, dass sich nicht schon im Anfange des 17. Jahrhunderts
> Dichter und Dichterfreunde fanden, um sich dieser, uns zusagenden Gestaltung zu
> bemächtigen, und sie in vielseitiger Ausbildung einheimisch zu machen. Deutsch-
> land, das überall die Poesie fast vergessen und seine Sprache verlernt hatte, ging
> aber einem so blutigen Trauerspiel in seiner wirklichen Geschichte entgegen, dass
> von jenen Schatten auf lange nicht die Rede sein konnte." (Kritische Schriften,
> IV. 195. „Das deutsche Drama.")

Sonach würde ein Werk wie die *„Hermannsschlacht"* uns nunmehr den
vervollständigten Grundsatz darstellen: „Rezitirtes Drama giebt
nationale Historie in theatralischer Symbolik." Nur ist eben
diese merkwürdige „Hermannsschlacht", als Kunstwerk, eine etwas brutale
Komödie grossen Styles geworden, weil dem unglücklichen, halbver-
zweifelndem Dichter sein edeles Bestreben, eine weltgeschichtliche Begeben-
heit symbolisch als Aufruf zum Freiheitskampfe an die schlummernde
deutsche Volksseele seiner elenden Zeit zu verwerthen, nicht mehr ohne
den hippokratischen Zug der romantischen Ironie durchzuführen gelingen wollte. Da träfe denn nun in dieser persönlich-tragischen Ironie
unseres grössten „romantischen" Dramatikers die historische Symbolik auch
noch mit der sog. poetischen *Romantik* zusammen. Wohl hat für uns der
alte Gegensatz zwischen Romantik und Klassizität nach unserer neuen
Unterscheidung zwischen Realismus und Idealismus in dramatischer Poesie
an bestimmender Geltung verloren. Dennoch wollen wir, da das einst so
bedeutende Wort hier einmal genannt ist, es nicht versäumen, auch den
zweiten kritischen Romantiker neben Tieck, A. W. von Schlegel, noch
ein Mal zu zitieren, welcher schon im Todesjahre Kleist's seine „Vorlesungen
über dramatische Kunst und Litteratur" mit einem ganz ähnlichen Hinblick
auf das Wesen des Schauspiels beschloss, der auch zu einem bemerkens-
werthen Ausblicke auf dessen Zukunft sich gestaltete:

> „Man hat sich neuerdings bemüht, die Reste unserer alten National-Poesie
> und Ueberlieferung auf mancherlei Weise wieder zu beleben. Diese können dem
> Dichter eine Grundlage für das wundervolle *Festspiel* geben! Die würdigste
> Gattung des romantischen *Schauspiels* ist aber die historische. Auf
> diesem Felde sind die herrlichsten Lorbeern für die dramatischen Dichter zu
> pflücken, die Goethen und Schillern nacheifern wollen. Aber unser historisches
> Schauspiel sei denn auch wirklich allgemein national, es hänge sich nicht an
> Lebensbegebenheiten von einzelnen Rittern und kleinen Fürsten, die auf das Ganze
> keinen Einfluss hatten; es sei zugleich wahrhaft historisch, aus der Tiefe
> der Kenntniss geschöpft, und versetze uns ganz in die grosse Vorzeit. In diesem
> Spiegel lasse uns der Dichter schauen, sei es auch zu unserem tiefen Scham-
> errröthen, was die Deutschen vor Alters waren, und was sie wieder werden
> sollen. — Welch ein Feld für einen Dichter, der wie Shakespeare die poetische

Seite grosser Weltbegebenheiten zu fassen wüsste! Aber so unbekümmert sind wir Deutsche immer um unserere wichtigsten National-Angelegenheiten, dass selbst die bloss historische Darstellung hier noch sehr im Rückstande ist." —

So sprach Schlegel im Jahre 1811! — Wir aber gedenken wohl bei diesen Worten auch einer „wichtigsten National-Angelegenheit", der idealen deutschen Kunst; doch wir blicken dabei hoffnungsvoll auf das heute, nach 72 Jahren, wirklich Vorhandene, das uns Gewonnene, uns zu Wahrende: auf ein gegenwärtiges Bayreuth. Zu vielem Freudigen hat uns diess ja auch die besondere Freude bereitet, dass wir nun im Stande sind, die klassische Tendenz der Idealisirung mit der romantischen Richtung auf das Nationale in lebendige künstlerische Einheit verschmolzen zu geniessen; wogegen noch einem Tieck aus ihrer Gegensätzlichkeit eine schwere geistige Gefahr für die deutsche Kunst emporgewachsen erschien, wider deren drohende Macht er laut und mit schönen Wahrheiten z. B. auch in seiner „Rede oder Predigt des *Paradoxen* vor der Gesellschaft, als alle Freunde versammelt waren," seine klangvolle Stimme zu folgenden Worten erhob:

„Jenes Streben nach Ideal, Antike, Ferne, dem Vollendeten und Fremden — wem möchte es verschlossen bleiben? Es ist zum Erringen da — aber nicht um das Nähere, das Bessere zu verlieren. Der Geist ernüchtert, die Kraft wird schwach, ja bis zur Vernichtung kann dieses Jagen nach dem Antiken, Fernen, Idealen führen — das uns in anderer Gestaltung, wenn wir es nur erkennen mögen, ja dicht vor den Füssen liegt. Heil suchen müssen wir? In anderer Gegenwart? In fremder Zeit? Vielleicht kann der Philosoph (und ich zweifle doch) Kosmopolit sein, der Künstler nicht, und der Dichter kann am allerwenigsten des Vaterlandes entbehren. Aber die Weihe des Dichters, seine Pflicht ist es, es zu sehen und zu verkünden, wenn auch alle weltlichen und verblendeten Menschen es längst verloren und vergessen haben." (Kritische Schriften, II. 251. „Goethe und seine Zeit", 1828.)

So ahnt die künstlerisch und vaterländisch empfindende Seele Tieck's, mehr noch als sein scharfblickender kritischer Geist, ein Anderes, ein Ideales „dicht vor unseren Füssen", welches für die gefährliche Idealisirungstendenz seines grossen klassischen Widerparts in weihevollen Verkündungen deutschen Genies eintreten soll. Wer dieses Andere sieht (das Tieck noch nicht sah), der hat es wohl leicht gerecht zu sein, sowohl gegen das Eine, welches Tieck in solchen Aufruhr deutscher Künstler-Sorge versetzte, als auch gegen den Einen, der den letzten Klassiker in den Winkel des antiken Tempels und über Manto's Schwelle bis zur Persephoneia scheuchte. Betrachten wir im Folgenden diesen merkwürdigen Zwiespalt noch etwas näher, um daran nun völlig zu ermessen, was es bedeute, wenn wir heute die Versöhnung der gegnerischen Anschauungen unserer Vorzeit erreicht sehen dürfen.

12. Idealismus und Realismus.

Als die Klassiker selbst noch in der Verbindung Shakespeare'scher
Wahrheit und Hellenischer Schönheit das einzige Mittel zur Idealisirung
des Theaters zu finden glaubten, da bereiteten sie mit dieser ihrer idealen
Tendenz der künstlerischen und intellektualen Bildung des deutschen Geistes
sicherlich höchste Förderung. Mehr auch dieser Geist, als wie das
Theater, hat schliesslich von den Werken der idealisirenden Poesie un-
schätzbaren Gewinn davon getragen. Konnte doch allein aus einem also
gebildeten Geiste der Gedanke der Idealisirung des Theaters, als der
künstlerischen Freistatt germanischer Wahrhaftigkeit, immer reiner sich
herauslösen, bis er endlich seine universale Verwirklichung erreichen durfte
in der Gewinnung der deutschen Ideal-Schönheit an Stelle der *Antike*:
nämlich der Idealwelt und Weltsprache deutscher *Musik*. Insofern aber
die Undurchführbarkeit der Idealisirung des Schauspiels zunächst wiederum der „*Oper*" das grosse Wort auf der öffentlichen Bühne zugewandt
hatte, so könnte man auch sagen: die Herrschaft des von den Klassikern
hinterlassenen Geistes trat ein Richard Wagner an, die Herrschaft
des von ihnen hinterlassenen Theaters ein Jakob Meyerbeer.

In der That hatte die Einmischung antiker Vorstellungen auch in das
Reformwerk für die Schauspielkunst, im Gegensatz zu jenem förderlichen
Einflusse auf die Bildung des deutschen Geistes, am deutschen Theater
nur böse Verwirrung hervorrufen können. Denn da standen sie nun auf
der einen Seite, die grossen klassischen Idealisatoren selbst, welche dem
Theater zudachten, was das Schauspiel nicht vertragen konnte. Ihnen
ward daher gerade jener höchste Meister des Schauspiels, Shakespeare,
immer unheimlicher, und obschon unumgänglich beachtens- und unwider-
stehlich bewundernswerth, doch im Grunde zum unkultivirten Fremdling,
ja zum eigentlichen genialen Störenfriede bei ihrer klassischen Arbeit. Sie
wollten mit Segeln fahren, wo Ruderarbeit einzig fördern konnte; und so
kam ihnen der gewaltige Nordwind seitlings in die hesperische Fahrt, und
der Nachen der verwirrten Schiffer trieb mit allen gewonnenen Schätzen zer-
scheitert an die nackten Klippen des deutschen Philisterlandes hin. Andererseits war da ein solch scharfsichtig kritischer Geist wie Tieck, welcher
die Idealisirungsversuche auf der Schauspielbühne, eben aus seinem vorzüglichen Verständnisse für das Wesen des Schauspiels, als ganz verfehlt,
ja als gefährlich erkannte. Er aber vermochte es nun bei allem Scharf-
sinne doch noch nicht deutlich genug zu erkennen, dass dennoch die
Idealisirung als solche kein Wahn, dass sie möglich, ja dass sie ein
grösseres und edelstes Ziel der Kunst sei und bleibe, nur eben auf anderem
Gebiete, mit Hilfe anderer Kunstmittel erreichbar, als der rezitirenden
Schauspielkunst und ihres poetischen Realismus. Der kluge Ruderer im
Nordwind spottete gern der ringenden Segler gen Westen, ohne zu wissen,

auf welcher so nahe schon rauschenden hesperischen Fluth das Segel der Sieger der Wogen sei.

Goethe hatte während seiner Theaterleitung nicht besser als durch jene idealisirende Bearbeitung, die wir am Beispiele des *Romeo* betrachtet haben, mit dem britischen Genius sich abzufinden gewusst. Noch in dem spätesten Theile seines Aufsatzes „Shakespeare und kein Ende" (1826) bekennt er, dass er es für „gar kein Unglück erachte, wenn Shakespeare in wenigen Jahren ganz und gar von der deutschen Bühne verdrängt sein würde", indem man ihn gerade durch strenge und sorgfältige Wiedergebung theatralisch „unmöglich" mache. Wenn er trotzdem Tieck's Eifer für die „Untheilbarkeit" Shakespeare's anerkennt und freundlich meint, auch das Misslingen bringe im Ganzen keinen besonderen Schaden, so gesteht er doch im Gespräche mit Eckermann am Weihnachtstage 1825, dass er selber wohl daran gethan habe, sich den Shakespeare bei Zeiten „durch Goetz und Egmont vom Halse zu schaffen." Diess hatte der herrliche Dichter des „Goetz" und des „Egmont" gethan, — thun können, — thun müssen, im goldenen Zwange des Idealisirungswerkes seines Genius: und nun kommt ihm plötzlich ein krankhaft-phantastisch sich gebährdender, scheuheftiger Jüngling, ein Protegé des guten Wieland, vom trüben Norden daher, und wirft ihm, wie aus einem leidensvollen Krampfe des deutschen Geistes heraus, mitten in die mühsälig-intime klassische Arbeit wiederum solch eine lebenstrotzig unmaskirte Naturwahrheit kühnster poetisch beschwingter Gestalten wie der Schroffensteiner, der Penthesilea, des Hermann hinein! Wie wenig der wohlwollende und nachsichtige Idealisator des Theaters, der selbst einen Zacharias Werner mit wunderbarer Geduld über sich ergehen liess, zu einer solchen erschreckend genialen Erscheinung, wie Heinrich von Kleist, sich zu stellen wusste, das erhellt aus der verderblichen Manier, mit welcher der übersorgliche Protektor der „Jon" und „Alarkos" den *zerbrochenen Krug* in Stücke brach, und dergestalt das modisch-theatralisch formulirte Originalwerk deutschen Humores an der Weimarer Musterbühne in der That „unmöglich" machte. Danach hätte es jener Aeusserung in seinem Aufsatze über Tieck's „dramaturgische Blätter" wahrlich nicht mehr bedurft: dass ihm Kleist, „bei dem reinsten Vorsatz einer aufrichtigen Theilnahme, Schauder und Abschen erregt" habe. Nun denn, die Zeit möge kommen, da dieser Schaudererregende sich edel rächt! Dort selbst, wo der Meister Goethe die klassische Arbeit unternommen, welche der Meister unserer Tage auf der musikalischen Bühne vollendet hat: auf einer den *Moden* entrissenen Bühne des rezitirten Dramas möge dereinst der neuerweckte dichterische Geist unseres Kleist das reine Schauspiel im Sinne eines Tieck siegreich dem vergessenen Ideale seines eigenen *Styles* zuführen. Berührte Kleist's heftige Dramatik den klassischen Sinn Goethe's ebenso abstossend, wie dereinst Goethe's deutsche Poesie den französischen Sinn Friedrich's des Grossen: wie Goethe Recht behielt, . wird dann Kleist Recht behalten. —

Gerade entgegengesetzt dem Verhältnisse Goethe's zu Shakespeare und Kleist war die Stellung Tieck's. Immer nur jenes reine Schauspiel im Auge, sah er diess durch die klassischen Reformbestrebungen auf bedenklichste Abwege gedrängt, und musste demgemäss die Behandlung des britischen Genius durch den Meister von Weimar höchlichst missbilligen:

> „Es ist überhaupt nur einem so grossen Dichter wie jenem erlaubt und zu vergeben, wenn er das Meisterwerk eines Anderen grausam behandelt, wie es mit diesem Trauerspiel wirklich geschehen ist, in welchem man vom Original nur wenig wiederfindet, und wo selbst das, was noch dasteht, durch die sonderbaren Umänderungen in einem ganz anderen Lichte erscheint und seine wahre Bedeutung verloren hat." (Krit. Schr. III. 175, über „Romeo und Julia".)

Dabei mochte er andererseits sich doch noch gerne an die Auffassung klammern, als wäre Goethe's Handlungsweise nur etwa einer Laune und Verstimmung entsprungen; denn in dem grossen Aufsatze „Goethe und seine Zeit" finden wir den beachtenswerthen Satz:

> „Die Art, mit welcher Goethe sein grosses Vorbild verbessern wollte, musste freilich dem Kenner bedenklich erscheinen, und er musste im Gegentheil wünschen, dass Goethe lieber tiefer geforscht, noch mehr an seinen Autor geglaubt hätte, um noch mehr und gründlicher ihn zu erkennen und das wundersame Getriebe der Komposition klar und überzeugend darzulegen, ohne am Ende doch die wichtigsten Räder herauszunehmen, um andere schwächere einzusetzen, und dadurch eben so viel neuerdings zu verwirren, als er erst in Ordnung gebracht hatte. Noch niemals hat augenblickliche Laune und Verstimmung eines grossen Mannes dem bösen Willen und der Unfähigkeit des Haufens so zum Munde geredet." (Krit. Schr. III. 175.)

Gewiss sind diess Worte, welche ein eigenthümliches Licht auf Tieck's Unverständniss für den Geist der Idealisirungs-Arbeit überhaupt werfen. Kein Wunder, dass dieser Mann noch weit entschiedener gegen den eigentlichen *Realisator* der Idealisirung, gegen Schiller, auftrat, von dem er z. B. in seiner Abhandlung über „das Deutsche Drama" geradezu sagt:

> „Hatte Schiller im „Karlos" seinem Hange zu Reflexionen und Sentenzen freudig nachgegeben, so hatten sich im „Wallenstein", sowie in „Maria Stuart", bereits lyrische schöne Stellen gemeldet, die sich, strenge genommen, schon völlig vom Drama lossagten, um auf eigene Hand den Beifall zu erstreben, der ihnen auch reichlich ward. Diesem poetischen Gelüst ward noch viel mehr in der „Johanna" gehuldigt, und dieses treffliche Werk war trotz seiner vielen und grossen Schönheiten ein Musterbeispiel von mannichfaltigem Missverständniss und des Zerstörens eines wahren Schauspiels, von vielen Zeitgenossen aber lobpreisend als die höchste Krone aller dramatischen und tragischen Vollkommenheit begrüsst. Was hier im sogenannten „romantischen" Sinne geschah, ward nachher in der „Braut von Messina" mit kaltem Prunk, der uns die antike Tragödie geben sollte, noch luxuriöser ausgeführt." (Krit. Schr. IV. 149 ff).

Nicht lange darauf (IV 157) betont er es noch ausdrücklich: dass „der Götzendienst mit Schiller's Werken grossen Schaden gethan", wie diess „von Verständigen längst anerkannt und ausgesprochen worden" sei. Sehr bedeutsam aber richtet sich sein kritischer Zorn am Heftigsten eben gegen

jene „*Braut von Messina*", welche klassische *Chor-Tragödie* uns, die wir
sie vom Standpunkte des Kunstwerkes der Musik als wichtige Vorstufe
zur Idealisirung des Theaters betrachten durften, vielmehr wie ein
poetisches Nebenspiel zu der *Chor-Symphonie* Beethovens erscheinen muss.
Hatte doch auch Goethe selbst, bemerkenswerth genug, fast ausschliesslich
gerade diesem Werke Schiller's die Beispiele zu seinen „Regeln für Schauspieler" entnommen. Tieck dagegen, indem er die selbe Dichtung nur von
seinem Standpunkte des rezitirten Dramas aus betrachtete, konnte nicht
umhin, sie in seinem Aufsatze über „die geschichtliche Entwickelung der
neueren Bühne" vom Jahre 1831 (II. 347) kurzweg als die „grösste Verirrung des grossen Dichters" zu bezeichnen; während er an anderer
Stelle (IV. 146) es offen aussprach: dass die „Braut von Messina", welche
„Viele noch immer ganz treuherzig für das Musterbild der Tragödie halten",
in der That doch nur ein „kaltes Prachtstück der Redekunst mit unmöglichen Chören" sei. Und später fügt er noch hinzu:

> „Ich glaube, dass seit dem Alterthum bis zu unseren Tagen hinab (indem ich
> mich freilich nur auf bekannte Gedichte beziehe), die Aufgabe der „Feindlichen
> Brüder" noch niemals so schwach und ungenügend, dem Drama so völlig wider-
> sprechend, ist gelöst worden, als in der Art und Weise, wie Schiller es versucht
> hat. Ich komme immer wieder auf diese Arbeit zurück, weil sie so vorzüglich
> ist, die unsere Bühne aus allen Fugen gerenkt hat, sowie die seltsame Vorrede
> damals Verwirrung verbreitete, die sich erst nach manchem Jahre wieder völlig
> zerstreuen wird. Hier hat mit aller Kunst der Rede das völlig Undramatische,
> das Unmögliche, ja die völlige Auflösung des Theaters gerechtfertigt werden und
> zu einer Theorie, zum Grundsatz des echten Schauspiels erhoben werden sollen."
> (Krit. Schr. IV. 210.)

Wir, zu denen jene „seltsame Vorrede" schon früher in so manchen
ahnungsvollen Hindeutungen auf unser jetzt erfülltes Ideal gesprochen hat,
wir wissen es nun auch besser, in wiefern diese Chortragödie Schiller's
zwar gewiss nichts weniger als das Muster-Beispiel eines rezitirten Dramas,
wohl aber das Muster-Traumbild eines grosssinnigen Idealisatoren des
Theaters bedeutet. Gleichwie aber für uns zur Gewinnung des Verständnisses der Idealisirungstendenzen die ideale Musik das entscheidende
künstlerische Hilfsmittel war, so hatte andererseits auch einem Tieck als
ein wichtiges geistiges Mittel zur Ausbildung des Verständnisses für das
Wesen der Schauspielkunst gewiss die allgemeine Einwirkung der idealisirenden Antike gedient. Wäre doch ohne sie der dichterische Geist
der Nation in den armsäligsten Gallizismen stecken geblieben, oder etwa
(— da die Shakespeare so leicht nicht „im Plural zu denken" sind —) in
den rohen Barbarismus eines noch ganz unkünstlerischen Volksspieles zurück-
gesunken. Dass überhaupt von deutschem Drama als Kunst wieder die
Rede sein konnte, verdanken wir vornehmlich dem im deutschen Geiste
„wiedergeborenen" Hellenismus. Er hatte diesen Geist erst befähigt, auch
Shakespeare's Grösse zu erkennen und zu seiner würdigen Wiedergebung

geistige Kräfte heranzubilden. Wie aber jenes schöne Bildungsmittel der Antike bei der Idealisirung des Theaters sich wieder auslöste unter dem gewaltigen Eintritte der deutschen Musik in das dramatische Kunstwerk: so würde es sich auch bei der rechten Reform des deutschen Schauspiels wieder auslösen unter dem freien Walten des deutschen poetischen Genies auf der modernen Bühne des rezitirten Dramas. Viel ersehnt und immer doch unerwartet erscheinen die Meister der Welt. Wollen wir aber für jene eine, noch erübrigende Aufgabe der Schauspiel-Reform, neben der schon vollbrachten Idealisirung des Theaters, auch noch eine durch die That entscheidend wirkende Meisterschaft der Zukunft uns erwarten, so würde diese freilich mehr als irgend eine andere in einer tiefen Reform unserer gesammten vaterländischen Zustände wurzeln müssen. Und doch haben wir hoffen gelernt, seit Ideale erfüllt wurden! So wollen und dürfen wir heut nicht mehr in die Verzweiflung einstimmen, welche sowohl Goethe wie Tieck von ihren beiden schroff entgegengesetzten Standpunkten aus gleicherweise bekunden. Denn, wenn der Erstere schon meinte, dass es überhaupt „kein deutsches Theater geben werde und geben könne", und dass es „kindisch" gewesen, auf ein „Anderswerden" — in Folge klassischer Meisterlehre — zu hoffen, so sagte der Letztere (IV. 180):

> „Nach allem Vorausgeschickten entsteht nun freilich noch eine Frage und ein Zweifel, die eigentlich in den Vordergrund können gestellt werden, — nämlich: ob wir Deutschen denn auch wohl überall eine dramatische Nation sind: d. h. eine solche, deren Charakter, Sinn, Neigung sich wirklich zum wahren, echten Theater richtet, die desselben bedarf, und in ihm seine besten Kräfte der Poesie, des Witzes und Scharfsinnes entwickelt. Nachdem wir ungefähr seit einem Jahrhundert eine Bühne besitzen, so darf dieser Zweifel, der vor fünfzig Jahren sich unbillig zu früh gemeldet hätte, jetzt wohl aufgeworfen werden. Und wenn er Grund haben sollte, so wäre hieraus genügender, wie aus allen Forschungen, die Erscheinung erklärt, warum unser Theater, indem es mit dem besten Willen des Publikums zugleich, bald diesen bald jenen enthusiastischen Anlauf nimmt, doch immer noch nichts Festes und Würdiges geworden ist, und der Verfall sich immer, in unseren Tagen am schlimmsten, nach kurzer Blüthe wieder meldet."

Solche Verzweiflung auf beiden Seiten war eben die Folge der grossen Verwirrung, welche die klassische Arbeit auf die Bühne des reinen Schauspiels gebracht hatte, und worein sie selber gerathen war, als es sich herausstellen musste, dass sie an dieser Stätte nicht recht vom Flecke kam, ohne zu wissen: wohin nun? — Allein, wie Schiller mit einem „gewissen Vertrauen" damals schon auf die Oper hinwies, so hat auch sein scharfer Kritiker Tieck seinerseits mindestens einige merkwürdig tastende Hindeutungen, die von uns beachtet sein wollen. Er bezeichnet schon die idealisirende Dichtung Schiller's, wofern er sie nicht eben schlechtweg als das „Undramatische" (d. h. dem Wesen des reinen Schauspiels Widersprechende) behandelt, gerne mit dem besser klingenden und an sich bedeutenden Namen „*Lyrisches Drama*". Einmal aber (IV. 152) äussert er sich sogar folgendermaassen:

> „Kann es ein lyrisches Drama geben? Die verlorenen Schauspiele der Griechen, die recht eigentlich so sein sollten, können uns keinen Begriff von dieser Art geben, und die Lyrik der drei grossen Meister ist bei diesen ebenso national als nothwendig, aber, wie Jedermann weiss, himmelweit von dem verschieden, was ich hier habe bezeichnen wollen. Unsere Oper sollte wohl ein lyrisches Schauspiel sein, wenn Dichter wie Musiker einen deutlichen Begriff von der Aufgabe ihrer Kunst hätten. — Ob und in welcher Art wir einmal ein wahres lyrisches Drama (wenn es nicht im Gluck und Mozart bestimmt und vorgezeichnet ist) erhalten und finden werden, bleibe dahingestellt."

So geht auch für Tieck's kritischen Verstand der ihm verdunkelte Weg der Idealisirung durch Schiller zur Oper, und von der Oper zu Etwas, was er noch nicht erkennen kann. Wir aber, die wir es erfahren durften, wie die erstaunende Verwirrung, in welche die seltsame Gattung „Oper" auch die Klassiker versetzt hatte, in dem grossen „klassischen" Kunstwerke unserer Zeit zur künstlerischen Auflösung gekommen ist; — wir fanden nun also auch den merkwürdigen Zwiespalt zwischen dem klassischen und dem kritischen deutschen Geiste, zwischen den „Idealisatoren des Theaters" und dem Hüter der Rechte des „reinen Schauspiels", erst eben dadurch zur Versöhnung gelangt, dass die Idealisirung auf ihr rechtes, von jenen Beiden ferne geahntes Gebiet übertrat, und damit auch — wiederholen wir — das Schauspiel sich selber und seiner Zukunft wiedergegeben ward. Shakespeare, der junge Goethe und Heinrich von Kleist bilden eine eigenthümliche Strömung, welche — weil einem anderen Grunde entsprungen — auch nicht in jenes musikalische Kunstwerk, in jenen idealen Styl, als in das einzige Endziel ihrer eigenen Stylvollendung ausmündet. Gleichwie die Idealisirungstendenz ihren künstlerischen Geist dem ästhetischen Verständnisse des Schauspiels eingehaucht hatte, so gab auch die dramatische Phantasie der reinen Schauspieldichtung ihre germanische Urkraft der Wahrhaftigkeit mit darein für das Werk der Idealisirung, das allein die Musik vollenden konnte. Dasjenige aber, was in jener Reihe der phantasievollen Schauspieldichter das eigenthümlich Künstlerische ist, — was ihren auszeichnenden geistigen Charakter bildet, — was den Werth ihres Schaffens als Poesie bedeutet: diess geheimnissvoll individuell Ausgedrückte, poetisch Nationale eines *„germanischen Idealismus"* verlangt auch heute nach seiner freien Fortentwickelung, welche durch die klassische Arbeit nur unterbrochen und auf den bedeutungsvollsten Abweg geleitet war. Es verlangt auch seinerseits aus den Moden heraus nach seinem eigenen Style.

Nicht ein idealer, und in diesem Sinne also strenger Styl wird diess sein; aber auch nicht nur ein spielerischer Wechsel von Moden, wie er bisher, sammt der „klassischen" Mode, das Schauspieltheater allein be-

7*

herrscht hat. Der „Anblick von Chaos und Anarchie", welcher Tieck auf der deutschen Bühne erschreckte, darf nicht das dauernd giltige Kennzeichen des Schauspiels bleiben; nicht dafür haben die Shakespeare, Goethe und Kleist gedichtet. Ja, auch eine „Herrschaft des Ideellen über das Materielle", wie sie Schiller als Styl des idealen Schauspiels bezeichnet hatte, ist in dem rezitirten Drama noch immer zu begründen und aufrecht zu erhalten, — nicht zwar in der idealen Form, aber in dem geistigen Charakter, in dem dichterischen Werthe, und in einer demgemäss würdigen Darstellkunst. Das Harmonische, als Charakteristikum jeglichen Styles, bestünde hier eben in dieser Harmonie des poetischen Genies mit dem schauspielerischen Talente; und deren gemeinsamer Naturboden wäre — gegenüber der harmonischen Musik im idealisirten Drama — jener noch heute im Volksspiele erhaltene, lebendige Untergrund einer populären Wahrhaftigkeit, die wir als *germanischen Realismus* bezeichnet haben. Dort könnte sich dann Wagner's Deutung des „deutschen Styles auf dem Gebiete des lebendigen Dramas" wiederum bestätigt finden: „Unter diesem Styl verstehen wir die vollkommen erreichte und zum Gesetz erhobene Uebereinstimmung der theatralischen Darstellung mit dem dargestellten wahrhaft deutschen Dichtwerke". (Deutsche Kunst und deutsche Politik S. 110.) Deutsch aber würde ein Dichtwerk sein, welches aus der unmittelbaren Anregung eines persönlich mitempfundenen Momentes deutscher Volksgeschichte, deutschen Volksgemüthes, deutscher Volkspersönlichkeit, womöglich an Ort und Stelle vom Volke selber dargestellt, dem dichterischen Talente sich darböte zur phantasievollen Ausarbeitung für einen, aus den natürlichen Verhältnissen sich ergebenden, populären Darstellungsstyl. Gewiss würde die hierbei frei waltende, an keine ideale Kunstform gebundene poetische Kraft, immer neu gestaltend, jeder Gegenwart, ja jedem triebkräftigen Momente, dem sie ihre Anregung entnahm, vertraulich sich mittheilen, und in diesem Sinne immer „modern" wirken. Gerade aber dabei würde sie, im stäts neuen organischen Wachsen aus dem Genie und dem Gemüthe der Zeit, doch keinerlei blosse „Mode" aufkommen lassen. Vielmehr würde sie alles Moderne, Gegenwärtige, alles nur momentan zur mimischen Darstellung Anregende, mit der eigenthümlichen symbolischen Bildlichkeit ihrer Produktion in das freie Reich der Phantasie versetzen, wo der schaffende Geist der Gegenwart mit den erschauten Geistern jeder grossen Vergangenheit zum ewig jungen Leben der Dichtung verschmilzt. Dort herrscht dann wiederum das Allgemein-Menschliche, wenn auch in streng charakteristischer Besonderheit, in individueller Lebenswahrheit und nationaler Eigenartigkeit, wie es stäts als „Seinesgleichen" sich darstellt, gegenüber dem realen Publikum, das mit dem Künstler des Wortes die eine und selbe deutsche Muttersprache spricht.

Eine Spezial-Untersuchung dieses poetisch-realistischen Styles eines reinen Schauspieles der Zukunft würde uns zu weit von unserem hier be-

handelten Thema abführen; genug, dass die Idealisirung des Theaters zu
guter Letzt uns als ein Gegenbild auch die Befreiung des Schauspiels
auftauchen lassen musste. Diess einmal erkannt, darf man jetzt getrost
den alten Kenner des Schauspiels, nun nicht mehr im Widerspruche mit
der klassischen Arbeit, zu Recht und Rede gelangen lassen, und man wird
bald finden, dass kein besserer Leiter und Lehrer auch für die kommenden
Zeiten den Freunden und Förderern des rezitirten Schauspiels empfohlen
werden könne, als Ludwig Tieck. Nur noch einige Zitate aus seinen
kritischen Schriften mögen uns hier als Fingerzeige für weitere selbständige
Beschäftigung mit diesem Gegenstande erlaubt sein.

Ueber den Charakter des altenglischen Theaters, als der geschichtlichen Grund- und Vorlage für den germanisch-realistischen Schauspielstyl, sagt er in seiner „Vergleichung der Darstellungsweise in England,
Frankreich, Deutschland":

> „Dieses Spiel, das ich meine, war aber seiner Natur nach ein ganz ver-
> schiedenes von dem, was die Franzosen in ihren Tragödien brauchen können: wahr,
> einfach, von Laune und Ironie mehr oder minder gefärbt und durchdrungen, ganz
> das Gegentheil aller Deklamation und falschen Emphase, kein singender Vers, keine
> unnöthigen Pausen oder falschen Akzente. Dieses rasche, lebendige, ganz natur-
> gemässe Spiel, dieser richtige und einfache Vortrag, der gerade nur dadurch alle
> Nüancen zulässt und möglich macht, trug und hob die Produktionen Shakespeare's
> und seiner Zeitgenossen; in dieser Art und Weise waren Burbadge und Allen
> gross, sowie späterhin Betterton, bis zu Garrick hinab. Darum ist es nicht zu
> verwundern, wenn mit jenem monotonen und aufgeblasenen Spiel und Ton, die
> sich der französischen Manier nähern, mit dieser Uebertreibung, die nur aus Mangel
> an Phantasie und Schöpferkraft herrührt, die Werke Shakespeare's heut zu Tage
> oft nur wenig Eindruck machen. — Für die Bühnendarstellung gründete
> Schröder's universelles Talent eine echte deutsche Schule, die keine andere sein
> konnte, als jene oben angedeutete alte englische. Diess feste Bestehen auf Wahr-
> heit und Natur, diese Freude am grossartigen Scherz, die Freiheit der Gesinnung,
> die sich keinen Konvenienzen beugt, ein geläutertes Gefühl, das sich durch keinen
> Schwulst blenden lässt, dieses mit einem ernsten Streben zu einer echten und tief-
> sinnigen Kunst, ist, in höchster Bedeutung aufgefasst, unsere wahre deutsche Natur.
> Und deshalb eignet sich uns, wie kein anderer Dichter, der unergründliche Shake-
> speare an." (Krit. Schr. IV. 360 ff.)

Den Sprachstyl insbesondere betreffend, macht sich auch bei Tieck
jene Unterscheidung von *Deklamiren* und *Rezitiren* bemerkbar, welche man
schon bei Goethe findet, so z. B., wenn dieser einmal sagt: „Es giebt keinen
grösseren Genuss und keinen reineren, als sich mit geschlossenen Augen
durch eine natürlich-richtige Stimme ein Shakespeare'sches Stück nicht
deklamiren, sondern rezitiren zu lassen"; mit welchem Ausspruche
Goethe dem Style Shakespeare's sicherlich mehr gerecht ward, als mit
jener Bearbeitung der Dramen für die Sichtbarkeit auf der Bühne eines
zu idealisirenden Schauspieltheaters. Die Deklamation ist jenem pathetisch-
rhetorischen Style der klassischen Arbeit entwachsen, welchen wir als eine
Mittelstufe zwischen Gesang und Sprache bezeichnen durften; die Rezi-

tation dagegen entspricht dem poetisch-realistischen Style des reinen Schauspiels, vornehmlich Shakespeare's. Von ihr sagt Tieck in seiner Abhandlung über „die geschichtliche Entwickelung der neueren Bühne":

> „Sie giebt auch in der Poesie und Tragödie den gewöhnlichen Ton der Rede zu vernehmen, nur erhoben, würdig, edel, steigt im Pathos auf, verstummt oft im Schmerz, giebt den Zorn und das Ungeheure der Wuth und Verzweiflung mehr durch Zurückhaltung, Selbstbezwingung, unterdrückte Töne zu erkennen, um dadurch den Ausbruch der Leidenschaft in den vollen, donnernden Tönen noch mehr hervorzuheben, und kann von der höchsten Höhe unmittelbar, ohne Affektation oder Effekterkünsteln, zum einfachsten Naturlaut, zum Seufzen, leisen Akzent zurücksinken. Das wahre Sprechen ist unendlich schwerer, als jenes Deklamiren zu erlernen, und es fordert, um es zu finden, eine eben so reiche als bewegliche Phantasie, ein tiefes Gefühl, grosse Beobachtung und Selbstbeherrschung, sowie Enthusiasmus und nie ermüdende Begeisterung. Derjenige, der ohne Talent jene erst geschilderte singende Deklamation und das gesteigerte falsche Pathos vermeiden will, fällt leicht in das Nüchterne, Unbedeutende und Unedle." (Krit. Schr. II. 312 ff.)

Schliesslich vom Darstellungs- und Sprachstyle wiederum zum Stoffe des reinen Schauspiels zurückkehrend, brauchen wir das vorher darüber Bemerkte und durch manigfache Zitate bereits Illustrirte hier nur noch einmal kurz zusammen zu fassen. Im sogenannten „musikalischen" Drama haben wir: Gesang — typische Gestalten (in ihrer ethisch-metaphysischen Wesenheit) — und im Ganzen ein theatralisches Idealbild, als Mythos der Welt. Im Schauspiel tritt dafür ein: die Sprache als solche — der Charakter als solcher (in seiner psychologischen Entwickelung) — und im Ganzen die Handlung als solche. An Stelle des Universalen und Idealen tritt das Individuelle und Ideelle. Die Handlung ist nicht idealisch entrückt, sondern real gegenwärtig. Was auch ihr Stoff sein möge, er muss den Charakter der Gegenwärtigkeit tragen, muss daher der Zeitlichkeit selbst angehören, muss — mit einem Worte — geschichtlich sein. Und zwar, je mehr er zum symbolischen Beispiele des Menschlichen, in der Form einer volksthümlich-schauspielerischen Kunst, verwendbar sein soll, um so mehr wird er vom nur Geschichtlichen, im Sinne irgend welches realen Geschehens, zum eigentlich Weltgeschichtlichen sich erheben müssen.

Die Träger des Weltgeschichtlichen aber sind wiederum nicht etwa „grundlegende" Theorien und politische Formen, sondern schöpferisch grosse Persönlichkeiten, in denen Volkscharaktere sich zu Wollthaten verdichten. Gilt von unserem hier gemeinten „Drama" so recht das Wort des Meisters (X. S. 412), dass es „keine Dichtungsart, sondern das aus unserem schweigenden Innern zurückgeworfene Spiegelbild der Welt" sei: so stimmt auch das Weitere damit überein; dass wir nämlich in dem „auf unsere Weise versuchten Drama zunächst uns des Vortheils bemächtigen, nicht mehr über Menschen und Dinge zu reden, sondern diese selbst sprechen zu lassen." Wer die „Geschichte und ihre Vorgänge gesehen" hat, kann sie — nach des Meisters Worten — nun auch sprechen lassen, und zwar, weil er „nicht eigentlich die Geschichte, noch selbst die Vorgänge, die uns ein ewiges Dunkel bleiben werden, sondern die Personen, die in ihrem Handeln und Leiden erschenen Personen, sprechen" lässt. Damit gewinnt unser Drama, ausser dem spezifisch Schauspielerischen, Mimisch-Persönlichen, einerseits auch den Charakter des Künstlerischen, indem es wirkliche, wandelnde „Ideen", nämlich lebendige Anschauungen, nicht Abstraktionen (Ideen in Professorenstirnen), zur Darstellung bringt, ohne sich aus diesem poetischen Bereiche der einzig wahrhaft produktiven historischen Kräfte jemals in das dem Volksgemüthe stäts fremd bleibende spezifisch Politische, Diplomatische, Faktiöse zu verlieren. Andererseits stellt sich der dramatische Stoff dadurch mitten in den Kreis des Volks- lebens selbst, dessen natürlicher Kunstausdruck das rezitirte Schauspiel ist, wo nun jeder einzelne Zuschauer, in der theilnahmsvollen Anschauung der gefeierten grossen Persönlichkeit, sich selbst als Theil eines wirklich bestehenden Ganzen empfinden kann, das in jener Person wieder einmal aus einem Abstraktum zu einem lebendigen, Allen eigenen Wesen ward. Ein solches Schauspiel-Drama würde dann also die volksthümliche Kunst- äusserung jeglicher „Gegenwart" bedeuten dürfen, während das unsterb- liche „Kunstwerk der Zukunft", d. h. des Ideales selber, allein das musikalische Kunstwerk ist und bleibt. —

In einem uns vertrauten philosophischen Sinne könnte man sogar sagen: das Reich der Geschichte gelange zur höheren und reineren Be- deutung für den menschlichen Geist erst im Schauspiele. Denn das grösseste Beispiel der „Willensbejahung", in der Form sich widerstreitender und sich kreuzender Kausalitätsreihen, stellt die Geschichte dar; und eben dieses Beispiel dient, als die exemplarisch isolirende Gestaltung einer dich- terischen Objektivation (d. h. als Schauspiel), am Deutlichsten und Be- deutsamsten (symbolisch-theatralisch) zur Belehrung des Menschen über den Werth des Lebens, des Ausdruckes der „Willensbejahung". Zeigt sich nun innerhalb des Reiches der Geschichte das Grosse und das Edele, das Ungemeine überhaupt, als das Menschlich-Heldenhafte, vornehmlich durch das Leiden zur „Willensverneinung" und bis zum Untergange hinge- trieben, so wird das geschichtliche Schauspiel, dafern es eben ein poetisches Beispiel solchen Heldenleidens darbietet, zur Tragödie. In der Komödie hingegen erscheint die Willensbejahung nicht so sehr als Quelle des Leidens des Helden, denn als Bild des Scheines aller Welt, und leitet hiermit auf eine heitere Weise zu der gleichen Erkenntniss des Lebens- werthes hin. Allein in der höchsten Form des idealen (musikalischen) Dramas selber mag der Held nicht nur den (nach Schopenhauer) zweiten Weg, den des Leidens, sondern auch den ersten, den der Tugend bis zur Willensverneinung geleitet werden, ohne dass daraus, wie es im Schauspiel der Fall sein würde, die Abart eines moralisirenden Dramas, also etwas Unkünstlerisches, entstünde. So stellt sich im „*Parsifal*" dieser Wandel durch Tugend zum Heil als selbst idealste (religiöse) Handlung in vollkommener Harmonie mit der Stylform des Idealdramas dar. Das Geschichtliche schwindet hier ganz vor dem Idealen; die Heldenschaft beruht in der Heiligung des Menschen. Diess ward durch die M u s i k ermöglicht. Im Gegensatze aber zu solcher, an sich selbst absolut idealen und künstlerischen S p h ä r e des musikalischen Dramas, hatten wir schon vorher die besondere Sphäre des S c h a u s p i e l s als einen „*realen Horizont*" zu bezeichnen versucht, welchen wir nunmehr näher als den „menschlich erschauten, *geschichtlichen Stoff*" bestimmt haben. Ist nun hierin auch jenes „*Gesunde*" zu finden, welches Goethe von dem S t o f f e der symbolisch-theatralisch zu behandelnden Geschichte gefordert hatte: so muss dieses doch ebensowohl auch in der F o r m der künstlerischen Verwirklichung sich bekunden, wenn der *poetische Realismus* des rezitirten Schauspiels zu einem vollkommenen harmonischen Style gelangen will, wie ihn im höchsten Sinne der *musikalische Idealismus* des gesungenen Idealdramas auf seine Weise erreicht hat. Das „gesunde" Schauspiel der Zukunft kann und darf sich nicht mit den unwahrhaftigen und widernatürlichen Modeformen des geschäftlichen Theateretablissements von heute begnügen, dessen Autokratie ja schon durch das Bayreuther Theater gebrochen worden ist. Aus gesunden Trieben des V o l k e s selbst muss es seine natureigene, lebensvoll wahrhaftige Darstellungsform sich selber schaffen: d. i. jenes freie, selbstthätige V o l k s - T h e a t e r, das wir in seinen neubelebten oder noch traditionell vererbten Ansätzen oder Ueberresten (Passionen, Volksspielen, bürgerlichen Erinnerungsfesten) vordem schon ernstlich betrachtet haben. Sein immer energischeres, vervielfältigtes und vervollkommnetes Hervortreten müsste Hand in Hand und Schritt bei Schritt gehen mit der Reinigung des Schauspielstyles als solchen, mit seiner eigenen poetischen Fortentwickelung von der Wiederanknüpfung an seine präidealistische Vorgeschichte aus. So wäre dann die Konvention des noch bestehenden Modetheaters von kaum zweihundertjährigem Alter endlich völlig zu brechen und neben dem Idealtheater des musikalischen Kunstwerkes, das an die Stelle der fast gleichalterigen Oper trat, nunmehr auch dem sich selber spielenden Volke klarer Raum zu künstlerischen Thaten zu schaffen, wodurch es sich wiederum zum würdigsten Publikum auch der höchsten idealen Kunst heranbilden würde.

Sollte aber zuletzt noch die besorgte Frage aufgeworfen werden, wo denn inmitten eines „sich selber spielenden Volkes" die künstlerische Kaste des spezifisch mimischen Talentes bleiben solle, welche bisher als „Schauspielerstand" das *Personale* der stehenden Theater gebildet hat: so sei darauf zunächst mit der Hinweisung geantwortet, dass dieses spezifische Talent, in einer freieren und bedeutsameren Weise denn zuvor, an der natürlichen Stätte seines Aufwachsens und seiner Ausbildung als der

künstlerische Leiter und Vorbildner seiner eigenen Stadt- und Landschafts-
genossen zur würdigsten Thätigkeit gelangen könnte; wogegen es den
schwächlichen, sich selbst täuschenden Halb- und Nicht-Talenten, oder
denen, die im Theater gar nur einen für bequem und reizend gehaltenen
Erwerbszweig sehen mögen, sicherlich von grösserem Nutzen werden kann,
wenn es einen solchen Zweig am Baume unseres nationalen Lebens nicht
mehr giebt. Aber auch die hervorragenden mimischen Talente des ganzen
Landes oder Reiches können sich, wie andere Genossenschaften, schon heute
zu besonderen mimischen Kunstzwecken zusammenthun, wenn es gilt das
Andenken unserer grossen Dichter und Kunstmeister national zu feiern;
bei welchen Gelegenheiten alsdann die schon anfangs berührte Aufgabe
einer stylgerechten Wiedergebung unserer klassischen Dichtung, als der
reichsten Vorschule für das deutsche poetisch-mimische Talent, musterhaft
zu lösen sein würde. Eben darin auch würde der künstlerische Leiter
mimischer Volksfeste immerdar die edlen Bildungsmittel zur Hand sich
halten, welche ihm die nothwendige Uebung künstlerischer Sprache, künstlerischen Spieles, küntlerischen Sinnes überhaupt im Kreise seiner bürgerlichen Genossen ermöglichen. Ja, es wäre in diesem Betracht auch das
bestehende Theater, soweit es nicht schon selber allmählich abstirbt und
hinschwindet, als eine würdig zu verwaltende Schule solcher Bildungsmittel
und Kunstleiter anzusehen und zu versorgen; was wiederum ein schönes
Interesse fürstlicher Macht und Huld bleiben dürfte. Für die wirksame
Bestätigung der Unsterblichkeit der klassischen und der welthistorischen
Dichtung aus der Vergangenheit auf der Bühne jeder Gegenwart zu sorgen,
diess bliebe also im Sinne einer solchen „Schule" nach wie vor eine der
vornehmsten Pflichten und ehrenvollsten Bethätigungen des spezifisch mimischen Talentes, auch inmitten eines sich selbst spielenden Volkes, als
des eigentlichen Förderers und Ermöglichers der reinen Schauspieldichtung
der Zukunft.

Diess Alles konnte hier nur als kurze Andeutungen und Anregungen
gegeben werden, die nicht allein zu weiteren Ausführungen und An-
knüpfungen, sondern zum Theil wohl auch zu Entgegnungen und Auf-
klärungen veranlassen mögen. Zu der „Idealisirung des Theaters" wäre
sonach, als ein Seiten- und Folgestück, noch eine „Realisirung des Schauspiels" von einem unserer, auf diesem Felde bewanderten Gesinnungsgenossen zu erwünschen. Solcher theoretischen Erörterung, welche sich
hier an das vollendete Werk glücklich anschliessen durfte, könnte dort
vielleicht einmal auch noch ein praktisches Wirken in poetischen Beispielen
vom Geiste unserer Meisterlehre aus volksthümlich lebendigen Anregungen
zur Seite treten. Weit höheren Werth würde eine solche natürlich-be-
sonnene poetische Praxis jedenfalls haben, als wie sie etwa ein schnell-
fertiges Nachdichten von Operntexten in Wagnerischer Manier beanspruchen
darf, welches mit mehr oder minder starkem Imitationsvermögen gleich an

die alleräussersten Leistungsmomente des Idealdramas anknüpft, um aus
einem grossen Style alsbald wiederum eine neue Mode heraus zu ziehen.
Eine wirkliche, nicht zu unterschätzende Stylfrucht des Kunstwerkes von
Bayreuth für die Kunst der dramatischen Poesie wäre der neue Styl des
reinen Schauspiels. Möchte er den Modetand der Vergangenheit auf der
Schauspiel-Bühne und den Modetand der Zukunft auf der Opern-Bühne
in gleicher Weise gründlich verbannen helfen! „Das wär' uns ein lieb'rer
Gesell!" —

Zum Schlusse!

Weiteste Möglichkeiten eines heilsamen Einflusses des sich selber gesicherten Bayreuth auf die Kunst der Zeit und der Zukunft haben wir
nunmehr mit dem ausschweifenden Blicke eines neu ermuthigten Idealismus
verfolgt. Nur der Wunsch noch bleibt uns übrig, dass in der That dieses
Eine, Allen voraufleuchtende Vorbild des idealen Kunst-Styles, dem grauen
Gegenwall des grossen Modestaubes zum Trotze, stäts reichere Gelegenheit
finden möge, überall dorthin reinigend und belebend zu wirken, wo immer
in der Welt der Moden selbst vereinzelt ein ernster Wille sich regt, in
bestimmten Gränzen theatralischer Kunst aus den Konventionen heraus zu
neuem, lebendigem Style zu gelangen.

Nur dann aber wird Bayreuth diess wirklich vermögen, wenn es bei
sich zu Hause bleibt, und wenn es selbst vor Allem die meisterliche
Tradition des idealen Styles streng in Stand erhält; wenn es also nicht
sich selber in die Modenwelt hineinbegiebt, und damit eben Das aufopfert,
worin das befreiende Lebenswerk des Meisters uns fortlebt, was alle Thaten
seines Lebens in Ein höchstes Ziel zusammenfasst, und was sein Leben
uns allein ersetzen kann: die grosse Möglichkeit des idealen Theaters,
verwirklicht in seiner eigenen, künstlerischen Sphäre. Hätte Wagner für
nichts gelebt, als dass nach seinem Tode auch sein Gesammtwerk nur
wieder das Opfer des selben, durchaus von ihm bekämpften modischen Opern-
wesens würde: er wäre ein Herakles gewesen, der im Augiasstall erstickte.
Er aber hat nicht nur den Kerberos gebändigt, — er hat auch die Aepfel
der Hesperiden uns gewonnen; und diese zu seinem Ruhme und unserem
Heile dort zu pflegen, wo er ihre Kerne zu neuem, vollem Wachsthum
eingepflanzt hat: das ist unser Erbtheil, unsere Pflicht und unsere Ehre.

In einer Zeit, welche die Werke ihrer klassischen Meister den verschiedensten Stätten zur Ausführung überliefert sah, sagte Ludwig Tieck:
„Wie steht es aber um die Musik-Werke, wenn selbst die klassischen, von
trefflichen Meistern eingerichteten, so verschieden erscheinen können?
Und ist nicht eine Zeit möglich, wo alle Tradition (die hier
ebenfalls eine Rolle, und keine unbedeutende, spielt) untergegangen
sein kann, und mit dieser vielleicht das Verständniss?" (Krit.
Schr. IV. 90.) Diese bange Frage entlockte dem klugen kritischen Geiste

die „Iphigenia" von Gluck, als er sie auf den Bühnen in Berlin — Darm-
stadt — Wien immer wie zu einem fremden Stücke entstellt gefunden
hatte. Die Traditionen der Meister schwanden seitdem mehr und mehr
dahin; aber die Eine Stätte ward uns von einem Meister geschenkt, wo
nun die Tradition — und mit ihr das Verständniss — fortleben, von wo
aus sie auch auf die „verschiedenen Erscheinungen" der Kunstwerke in
der Welt der Modetheater vorbildlich regelnd einwirken kann. „Gluck",
sagt Tieck in einem folgenden Aufsatze, „indem er sich ganz von der herkömmlichen Sitte entfernte, schuf etwas Neues und Grosses, eine edele musikalische Tragödie, die zwischen dem Gesange und der Rezitation schwebt,
und die deswegen vielleicht gar nicht an so vielen Orten auf
die rechte Weise darzustellen ist." (IV. 93.) Setzen wir den Namen
unseres Meisters an die Stelle desjenigen seines grossen Vorgängers, so
führt uns das merkwürdige Bedenken „vielleicht gar nicht an so
vielen Orten" mit logischer Nothwendigkeit wiederum an den Einen
Ort, das freie Zentrum der reinen Tradition des meisterlichen Idealstyles:
nach Bayreuth.

Wie fremd diess Bayreuth jener Welt der *Moden* sein muss, aus
welcher es so glücklich ausgeschieden und abgesondert worden ist: das
gesammte Leben des Meisters, dem es sein Dasein verdankt, mit all seinen
Kämpfen, Nöthen und Entsagungen, hat uns diess auf das Deutlichste beweisen müssen. Hätte diese Schöpfung einen anderen Ruhepunkt finden
können, es hätte ihn sicherlich gefunden; denn immer wusste Wagner,
was er wollte, und was er konnte, und Alles in seinem Leben — mitten
unter allen Zufälligkeiten der Welt — war Nothwendigkeit: jene
wunderbare Nothwendigkeit, die dem seltsamen Verhältnisse zwischen
Helden und Welt entspricht. Ein ehrfürchtig zu betrachtendes Symbol
dieses bedeutungsvollen und tragischen Lebens ist also jenes Haus von
Bayreuth. Es ist die Verkörperung aller der reichen Erfahrungen und
des ganzen gewaltigen Willens des Mannes, den heute die Welt als Helden
im Grabe feiert und verehrt. Diess aber bliebe ein übeler Götzendienst,
wenn man alsbald nach seinem Tode sein wahres Lebenswerk für eine
Sache erklärte, die etwa „auch anders" sein könnte. Das „auch anders
können" war niemals Wagner's Sache! Er wusste es wohl, wie eine
Kunstentwickelung aus zwei Jahrhunderten deutschen Geisteslebens durch
ihn, dessen künstlerischer Genius sie als Erbe in sich aufgenommen hatte,
an eben dieser Stätte ihren Abschluss, und damit der Aufbau einer neuen,
aber noch nicht vorhandenen Zeit ihren Grundstein gefunden habe.

Oder hätte man es denn schon vergessen, was er selbst bei jener
Grundsteinlegung vor 12 Jahren zu den Freunden seiner Sache, und somit
zu uns Allen sprach?

„Diess ist das Wesen des deutschen Geistes, dass er von Innen baut:
der ewige Gott lebt in ihm wahrhaftig, ehe er sich auch den Tempel seiner

Ehre baut. — So will ich diesen Stein als den Zauberstein bezeichnen, dessen Kraft die verschlossenen Geheimnisse jenes Geistes Ihnen lösen soll. — Schon jetzt ist er stark und recht gefügt, um dereinst den stolzen Bau zu tragen, sobald es das deutsche Volk verlangt, zu eigener Ehre mit Ihnen in seinen Besitz zu treten. Und so sei er geweiht von Ihrer Liebe, von Ihren Segenswünschen, von dem tiefen Danke, den ich Ihnen trage, Ihnen Allen, die mir wünschten, gönnten, gaben und halfen! — Er sei geweiht von dem Geiste, der es Ihnen eingab, meinem Aurufe zu folgen; der Sie mit dem Muthe erfüllte, jeder Verhöhnung zum Trotz, mir ganz zu vertrauen; der aus mir zu Ihnen sprechen konnte, weil er in Ihren Herzen sich wiederzuerkennen hoffen durfte: von dem deutschen Geiste, der über die Jahrhunderte hinweg Ihnen seinen jugendlichen Morgengruss zujauchzt.“

Ein jeder Deutsche, dem die hohe Kunst wahrhaftig zum Gemüthe spricht, — wenn er diese Worte hört, wird er es sich nicht sagen: dass es seine ernste Pflicht sein müsse, den auf solchem Grundstein errichteten Bau treulich im Sinne seines Meisters erhalten zu helfen? — Wenn er es nur einigermaassen von jenem Meister gelernt hat, die Welt um sich her zu betrachten und zu verstehen, wird er dann noch einen Augenblick daran zweifeln können, dass diese Welt noch nicht reif dafür wäre, das erkenntnissvoll in die Einsamkeit gestellte ideale Werk des grossen Künstlers als ihr wohlverdientes Eigen zu beanspruchen, um es nach Gutdünken in sich aufzunehmen und zu verwerthen?

Oder sollte diess etwa gar die Belohnung dafür sein, dass sie ihm sein Leben lang nur Beschwerde, Aerger und Kummer bereitet hat durch ihr Unverständniss für sein Werk?

Wie diese Welt noch heute mit des Meisters Hinterlassenschaft sich abfindet, das zeigte uns, nach vielen anderen Beispielen, vor einiger Zeit wieder die vielbesprochene erste Aufführung des „Tristan“ in einer unserer grössten Metropolen. Eine Schuld sollte hierdurch abgetragen werden, welche man dem lebenden Meister seit 22 Jahren hatte ausstehen lassen; und es vereinigten sich dazu wirklich die anscheinend denkbar geeignetsten Kräfte: ein persönlich befreundeter Bühnenleiter, ein Direktor von feinsinnigem Verständnisse für die dramatische Scene und die musikalische Leitung, ein Bayreuther Kapellmeister ersten Ranges und einzelne hervorragende Bayreuther Künstler. Hätte nun damit dem grossen Werke nicht selbst in den prunkvollen Räumen des modernsten Opernhauses eine würdige Erscheinung ermöglicht werden sollen? — Welche Täuschung! Vergasset ihr schon über der Grösse der Metropole die Grösse des Werkes, so vergesset doch nicht in der Metropole das Publikum, das der Theaterkasse sein „baares Geld“ bezahlt, und die Kritik, welche der Meister nicht einmal mit „guten Worten“ bezahlt hat! Gedächte man dessen, so brauchte es keiner Verwunderung mehr. Diess eben ist die Sphäre jener Welt, wo man sich einbildet, die Aufgabe des Bayreuther Theaters und das Werk des Meisters recht eigentlich erst zur vollen Wirkung und weitesten Geltung bringen zu müssen! —

Dass Etwas, wie das Bayreuther Theater, um seiner selbst willen dasein, dass es selbst, indem es dort steht, unendlich viel mehr bedeuten könne, als die gesammte moderne Kunst - Welt mit all ihren Vergnügungen, Interessen, Ambitionen und sogar Reform - Experimenten, das mag man — begreiflich! — in der Welt nicht begreifen, obzwar des Helden Leben und Wirken selbst wohl aller Augen für diese Thatsache hätte öffnen können.

Heute, da es mehr als je zuvor gilt, das eigenartigste Meistererbe in der Welt intakt zu erhalten, damit es noch einmal auf die Welt wirken könne, hört man wirklich vielfach den Ruf der konventionellen Theatergescheidtheit: „Ei was: die neue Bayreuther Errungenschaft, der „ideale Styl", das muss nun doch endlich auch in die Welt hinaus; was nützt es denn sonst — der Welt?! Es kann doch nicht etwa „Selbstzweck" sein wollen?! Oder gar Welt-Zweck?! Welt-Nutzen und Welt-Schmuckstück, — ja, das lassen wir uns gefallen!"

Immer „Welt" — „Welt" — „Welt", als die höhere Potenz und eigentliche Triumphstätte des künstlerischen Genius. Was ist denn diese Welt? was hat sie für die ideale Kunst Förderndes gethan, dass man ihrer Sphäre das ihr glücklich entrungene gemeinsame Erbe des klassischen Gedankens und der Wagner'schen That alsbald wieder zur geneigten Weiterpflege überlassen sollte? — Womit hat diese „Welt" es verdient, dass man glauben dürfte, eine einzige, wahrhaft welt-bedeutende Errungenschaft deutscher Kunst habe überhaupt erst dann ihren Zweck erreicht, wenn diese Welt, diese Gesellschaft, dieses Publikum etwas „davon hätte"?! Das sind etwa demokratisirte Renaissance-Anschauungen, nicht aber würdig einer deutschen Reformation.

Es kann nicht oft genug wiederholt werden: das Grossartige und unvergleichlich Werthvolle, was es dem Meister für sein Kunstwerk zu gewinnen gelang, war eben jene eigene ideale Sphäre, die allein die nothwendige Ausbildung des idealen Styles ermöglichen kann, und zwar in der völligen Isolirung von einer ganz anders gearteten grossen Welt, wo die Moden und Konventionen herrschen. Das ist jene einzige Sphäre, die so zauberhaft wirkt, dass die selben Künstler, welche draussen der theatralischen Konvention ihre schönen Kräfte willig opfern, um dem Publikum zu gefallen und der Kritik keinen Anstoss zu geben, dort nun mit einem Male wie umgewandelt der Moden und Gewohnheiten vergessen lernen, um ein jeder mit ungeahnter Steigerung seines besten Vermögens den meisterlichen Vorschriften nachzukommen: zur gemeinsamen Durchführung und Fixirung eines, ihrer eigenen Theaterwelt fremdesten, idealen Styles.

Nun hat Bayreuth erst zwei Festspiele unter des Meisters Leitung und
zwei weitere unter dem Einflusse seiner Tradition erlebt; noch kein anderes
Werk ausser den „Nibelungen" und dem „Parsifal" ist bisher dort zur Aufführung gelangt, die Fixirung und Durchbildung des von dem Meister be-
gründeten Styles steht erst in ihrem Beginne, und bedarf durchaus noch der
völlig ungestörten Ruhe in jener reinen Weltferne, welche der Meister so
weise als erste Existenzbedingung für sein Theater erkannt hatte. Also auch
in Bayreuth selbst ist man noch lange nicht soweit, dass man sagen könnte:
unsere Aufgabe ist gelöst, unser Werk ist fertig; — ganz abgesehen davon, ob es sich hier nur um ein „fertiges Werk", oder ob es sich nicht
vielmehr um die Thatsache des Vorhandenseins der Sphäre handelt,
welche eben nirgends sonst vorhanden ist, als dort.

Wollte man wirklich die stille Pflege des Bayreuther Styles mit einem
Male, wenn auch nur etwa in einer Nachahmung, hinein versetzen in
jene fremde Staubsphäre unserer grossen Modenwelt, — dort, wo alle
Zweige theatralischer Kunst, weil sie eben nicht als grosse, ideale
Kunst gepflegt werden können, erdwärts geknickt darnieder liegen,
— könnte da wohl nur eben dieser eine Zweig wirklich und ernstlich der
Pflege geniessen, welche ihm durch jenes wichtigste Moment, das bei der
Nachahmung vergessen blieb, durch die ideale Sphäre der Bayreuther
Isolirtheit wenigstens nach Menschenmöglichkeit gesichert war?!

Was ist vielmehr vorauszusehen? Dort, wo ideale Kunst, mit allem
Andern, der Herrschaft des Wechsels unterstellt ist, da wird sicherlich
auch diese einzelne Pflege des Grossen und Echten, aus ihrer eigenthümlichen Sphäre herausgerissen, nur zunehmend schweren Schaden erleiden
könne. Ja, die allgemeine Umgebung des Modernen wird die freie
Durchbildung und Bethätigung des Styles gar nicht aufkommen lassen.
Begiebt sich ein gesunder Mensch als ein Beispiel vernünftiger Lebensweise
unter eine Schaar von Kranken, damit diese zum Bewusstsein ihrer Un-
vernünftigkeit kommen und auch allmählich gesunden, so ist die gewöhnliche Folge, dass auch er erkrankt und noch eher zu Grunde geht, als
die an das Kranksein gewöhnte Menge. Soll in einer sittlich verworrenen
und künstlerisch unwahrhaftigen Welt ein besonderer Styl ernster, idealer
Kunst wirklich erspriesslich gepflegt werden, so muss diese Pflege auch
ganz in ihrer eigenthümlichen Sphäre, frei und für sich stattfinden; ja, sie
muss sich erst ihre eigene sichernde Sphäre schaffen, und diese dann vor
jeder Störung strenge bewahren. „Alles ist nach seiner Art" und „Jedem
das Seine", diese müssen die Wahrsprüche einer solchen Pflege sein. Erst
dadurch mag wohl sehr allmählich auch eine allgemeinere Sphäre künstlerischer Gemüthsbildung sich gewinnen lassen, welche alsdann ein harmo-
nisches Zusammenwirken der inzwischen einzeln ausgebildeten Vermögen
und Eigenarten künstlerischer Thätigkeit ermöglichte. Die also gepflegte
grosse ideale Kunst aber ist dann nicht um des Publikums willen vor-

handen, sondern das Publikum findet sich nach und nach hinzu, um mit erwecktem Gefühlsverständnisse selbst theilzunehmen an der ernsten Pflege der Kunst und an dem eigenartigen Zauber der künstlerischen Sphäre. So bildet sich an der Kunst ein neues Volk in einer anderen Welt; und geschicht diess nicht, so heisst das nur: die Welt ist unverbesserlich, aber wenigstens existirt noch ausser ihr, durch die Gnade Gottes, in einzelnen Meistern die erhabene Kunst, und sie besitzt zu ihrer Pflege eine eigene abgesonderte Stätte und eine mithelfende Verbindung von wenigen, aber gläubigen und thätigen Jüngern des Meisters.

Solange man noch bei grossen Originalen alsbald an Nachahmungen und Imitationen denken kann, hat man ihre Bedeutung noch nicht verstanden und zeigt sich noch wenig ihrer werth. Es ist nicht einerlei, ob man das Niederwald-Denkmal auf dem Niederwalde bewundert, oder ob man es zu einer beliebigen, sogenannten „passenden Gelegenheit" auf den Kreuzberg bei Berlin versetzt, damit die „Reichshauptstadt" etwas davon habe, weil es ja doch sonst keinen rechten Zweck in der Welt hätte. Es ist auch nicht das selbe, ob man durch die hellenischen Propyläen zum Tempel der Athena geht, oder — nach dem Löwenbräu. Ebensowenig gilt es gleich, ob das Bayreuther Theater zum Publikum kommt, oder ob das Publikum sich dazu bequemt, zu ihm zu kommen. Und es kommt ja auch! Es folgt dem Rufe vom Hügel. Nur die falschen Propheten in seiner Mitte, welche zum grossen Theile die Schuld tragen, dass es noch nicht glücken will, „die Atmosphäre zu verbessern", — diese falschen Propheten wollen, dass der Berg zu ihnen komme. Er kommt aber nicht; er steht fest und kann nicht anders: und so werden auch die Propheten selbst endlich ein Mal nicht anders können und zum Berge kommen müssen! —

Ja, und bliebe schliesslich auch jede Wirkung von Bayreuth in die Ferne aus, — verschlänge auch die letzten Reformversuche aus Bayreuther Anregungen der Staub der Modenwelt: nun, dann wäre erst recht, gegenüber der ganzen dort aussen herrschend gebliebenen Macht der Moden, das in Bayreuth allein Ermöglichte rein und stark in seiner Eigenart zu erhalten; damit doch irgendwo unter Gottes weitem Himmel ein Zeugniss abgelegt werden könne: dafür, was idealer Styl monumentaler tragischer Kunst aus deutschem Geiste sei.

Nicht mehr dann also in einer wirksamen Schule des Styls würde diess Zeugniss abgelegt werden, sondern in dem einsamen Weihetempel des Ideals, als der heilig gehaltenen Erinnerungsstätte am Grabe des grossen Mannes, der dieses Lebenswerk vollbringen konnte, diesen Hügel ersteigen und dieses Theater bauen. — „Selige Oede auf sonniger Höh'" — bis wieder einmal ein Wecker kommt, der da auf seine Weise des Tages Moden schreckt, weil er zu neuem Tage den deutschen Styl erweckt. —

Oder — käme auch Er nicht? —

Nun, so sehet bei Zeiten zu, dass der letzte Held uns nicht gestorben sei; dass Bayreuth bestehe, solange Heldenglaube im deutschen Volke lebt; dass die Moden nicht sagen können: wir sind die Welt, sondern der Styl noch sein Wort darein zu reden hat: halt da, auch hier ist eine Welt, — hier ist Bayreuth! —

Die Idealisirung des Theaters, durch unsere Klassiker auf dem Gebiete des Schauspiels begonnen, durch Richard Wagner im musikalischen Kunstwerke vollendet, bestand in dem durchgeführten Siege des idealen Kunst-Styles über die theatralischen Moden. Moden und Styl haben als Hauptbegriffe unsere gesammte Betrachtung über die Idealisirung des Theaters durchzogen. Fassen wir nun zum Schlusse die Bedeutung dieser Hauptbegriffe noch in einige kurze Sätze zusammen.

Mode ist ein französisches Wort, heisst „Art und Weise", und bezeichnet das immer Modifizirte, Veränderliche, zumal die wechselnde Tracht der realen Welt, der Gesellschaft.

Styl ist ein griechisches Wort, heisst „Säule", und bezeichnet das Festgestellte, Beständige, zumal den sicheren Träger der idealen Welt, des Kunstwerks.

Mode vergeht im Moder der Zivilisation; aber Styl bildet den edelsten Bestand der menschlichen Kultur.

Mode sagt: ich kann auch anders, „Wandel und Wechsel liebt, wer lebt"; Styl sagt: „Ich fürchte kein Feuer" — ich kann nicht anders.

Mode ist Formel der Welt; Styl: Form des Helden.

Der Held ist es werth, dass die Welt zu ihm komme; aber ist auch die Welt es werth, dass der Held zu ihr komme?

Kommt er nun immer von Neuem „zur Welt" — jedoch nur, um die Welt an sich heran zu ziehen und empor zu führen zu heldenmässigem Fühlen, Schauen, Denken und Handeln: nun, so thut er diess eben deshalb, weil die Welt es unwerth ist, dass er zu ihr komme, und weil er, als ein Gottgesandter, ihr Hilfe bringen soll in ihrer grossen Noth.

Damit zeigt sich zwischen Helden und Welt ein Drittes, ein versöhnendes und vereinigendes Band: die Religion des Mitleidens.

Wohl sollte die Welt, von dem Geiste dieser Religion ergriffen, den Spruch des Helden: „Hier stehe ich — ich kann nicht anders" durch den innigen Stossseufzer ihrer Selbsterkenntniss ergänzen: „Gott helfe mir, Amen!"

Und gewiss, er wird ihr helfen, auch heute noch helfen, der Held, den Gott ihr gesandt hat: wenn uns sein Geist lebendig bleibt, nicht nur in dem Hause seiner Kunst, auch in dem Herzen seines Volkes.

Dessen möge denn in unseren Tagen treulich sorgen, was stolz des Meisters Namen trägt: der Allgemeine Richard Wagner-Verein in all seinen Gliedern und Theilen, nicht als die nachgeahmte Form einer deutschen Modesache, sondern als eine frisch und stark aufwachsende Kraft und Macht von echtem deutschen Styl. —

„Viele sind's nicht werth, dass sie ein einig gutes Werk sollten thun, und wahrlich, es ist ein Grosses, dass ein Mensch würdig ist, dass er ein gutes Werk thue". Dieses Lutherwort ist auch uns gesagt. Möge der „Wagnerianer" es nicht vergessen, welches Werkes er gewürdigt worden, und dass ihm in der „Idealisirung des Theaters" zugleich die Idealisirung des Volksgemüthes als Erbe seines Meisters übertragen ist. Zu den „Werken" und dem „Werke", dem „musikalischen Drama" und dem „idealen Theater" Wagner's, gehört als das Dritte — das „Publikum". — Das ist jenes Volk der „Idealisten", dessen geistige Kultur uns Wagner in seinen Schriften vorgezeichnet hat, — nicht die Idealisten des banalen Wortgebrauchs, als diejenigen, welche „sich *Ideale* machen", sondern die wahren Idealisten im philosophischen Sinne, als Diejenigen, welche, wie Goethe sagt: „in der *Idee* leben". Um aber in der Idee zu leben, muss man Ideen schauen, — Ideen glauben können. Sie zu schauen, hat uns die Kunst des grossen Sehers selbst gelehrt, — sie zu glauben, hat er seine Kunst durch den Weltathem seiner Musik beseelt. Ohne den Glauben an die Idealisirungskraft des deutschen Geistes in Kunst und Volk helfen uns alle guten und schönen Werke nichts, hilft auch nichts die materielle Erhaltung eines Bayreuther Theaters, selbst nicht die Begründung einer Stylschule in Bayreuth. Ohne den Glauben an das Ideal bleibt alles hohl und todt, und der ideale Styl selbst wird eine Mode auf Zeit. Nur im Glauben wird der Geist des Idealismus für Kunst und Volk wahrhaft lebendig zu heilsamen Werken und neuen Thaten; denn — wie wiederum Luther sagt —: „Die Erfüllung muss vor allen Werken durch den Glauben geschehen sein, und die Werke folgen der Erfüllung nach". „Die Werke sind todte Dinge; aber wir suchen hier den, der nicht gethan wird wie die Werke, sondern den Selbstthäter und Werkmeister: das ist Niemand denn der Glaube des Herzens"!

Diess gilt für alle Wanderer auf den krausen Weltpfaden nach idealen Zielen; und wie wir uns schon auf diesen unseren Weg der Betrachtungen ein deutsches Heldenwort als Leitspruch mitgenommen hatten, so begleite nun dieses andere Wort, das einst dem Manne des deutschen Glaubens zum Kampfe für das Heiligste im Menschenherzen die sieghafte Kraft verliehen, uns weiterhin auch auf unseren Weg der „Werke" für ein edeles, grosses Gut des deutschen Geistes: die Idealisirung des Theaters. —